기록관리의 인적·물적자원

Managing Resources for Records and Archives Services

서혜란 역 | 한국국가기록연구원 감수

진리탐구

지금으로부터 6년 전 한국국가기록연구원이 출범하였다. 지난 시간을 회고해보면 아쉬움도 있고 또 앞으로 해야 할 일도 산적해 있다. 그러나 한편으로는 나름대로의 뿌듯함을 느끼기도 한다. 시민기록문화전, 기록문화 시민강좌 개설, 심포지엄, 기록문화상 제정, 한국기록학회 조직, 월례발표회, 한국기록관리학교육원 개원 등등, 모두가 우리의 기록문화 발전에 초석이 될 것임은 분명하다.

연구원의 출범과도 무관치 않지만 우리의 기록문화에 또 하나의 이정표라고 할 수 있는 것은 기록물관리법령의 제정이다. 법령의 제정으로 이제 우리도 근대적 기록관리체제에 들어갔다고 말할 수 있게 되었다. 그러나 법령의 제정이 바로 실시로 이어지지는 않는다. 죽어 있는 법령이 얼마나 많은가. 새로운 법령이 제정되면 이에는 크고 작은 '저항과 편승'이 있기 마련이다. 새로운 기록관리법령에 대한 '저항'은 현재 법령상 존재해야할 자료관의 설치 실태만을 보아도 잘 알 수 있다. 새로운 법령에는 공공기록물은 전문가(기록물관리전문요원, 아키비스트)가 관리하게 되어 있고 이들 전문가의 자격 요건도 규정되어 있다. 이에 몇 년도 안된 사이에 많은 대학에서 기록관리학 대학원과정이 신설되었다. 물론 모두가 기록관리분야 전반을 위해서는 발전적인 변화이다. 그러나 그 내실을 보면, 즉 교수, 교재, 참고도서, 실습실 등의 면에서 보면 부실하기 짝이 없는 경우도 있다. 이는 새로운 법령에 대한 '편승'이라고 할 수 있다.

그러나 '저항과 편승'을 탓하고만 있을 수는 없다. 사실 '저항과 편승'의 가장 큰 원인은 기록관리에 대한 이해의 부족일 것이다. 이를 위해 연구원은 과감히 ICA 총서시리즈를 번역하기로 결정하였다. 단순한 번역은 아니다. 권수로도 30권이 넘는다. 양도 양이거니와 여러 사람이 나누어 번역할 수밖에 없기에 통일성을 기하기가 무척 어려우리라 예상된다. 그럼에도 불구하고 한국 기록관리학의 기초를 놓는다는 심정으로 번역을 시작하였다.

본 총서시리즈는 국제기록관리재단(International Records Management Trust)과 ICA에서 공동으로 추진한 결과물로, 국제적으로 널리 이용될 수 있는 최선의 기록관리 업무 방식 도출을 목적으로 하였다. 또한 기록관리 전문가 외에도 체계적으로 기록학에 접근하지 못했던 사람들에게 학습모듈을 제공하려는 의도에서 만들어졌다. 이 때문에 기록관리시스템이 불충분하거나 적절한 기록관리 교재와 교육인프라가 결핍된 국가에게는 유용한 교재가 될 것이다.

기록관리 분야의 실무와 학문이 발전일로에 있는 우리 나라에서도 이 교재의 보급이 시급함은 물론이다. 앞으로 이 학습교재가 공공부문의 기록관리전문가를 위해서 뿐만 아니라 민간부문에서도, 그리고 아키비스트의 업무능력과 전문성을 높이는 데에서도 널리 활용되기를 바란다.

본인은 2000년 9월, 연구원을 대표하여 스페인 세빌리아에서 개최된 ICA총회에 참석하였다. 회의 규모의 크기에도 놀랐지만 개최국의 선진적 기록관리 및 보존에도 놀랐다. 아시아에서는 유일하게 1996년 중국의 북경에서 개최되었다고 하니 중국의 문화적 깊이를 보여주는 듯하다. 한국의 서울에서 ICA총회가 열릴 기록관리 선진국을 기대하며, 본 역서가 그런 기대에 일조하기를 바라마지 않는다.

본 역서를 내면서 감사드려야 할 분들이 있다. 먼저 한국국가기록연구원의 참뜻을 이해하여 저작권에 대한 비용을 과감히 포기해준 ICA 관계자 여러분들에게 감사의 뜻을 표하고자 한다. 또 상업성을 떠나 선뜻 출판을 맡아주신 진리탐구의 조현수 사장님 및 편집부 일동에게 진심으로 감사드린다. 마지막으로 그다지 좋지 못한 조건에도 불구하고 번역을 흔쾌히 맡아주신 번역자 여러분들에게 깊은 감사를 드린다.

김학준(한국국가기록연구원 원장)

역자 서문

이 책은 기록관리기관의 효율적 운영을 위한 원리와 기법을 소개하고 있다. 제1과와 제2
과는 인력관리에 할애되어 있는데, 구체적으로는 기록관리 전문 인력의 모집과 선발, 훈련,
동기부여, 조직, 평가 등 인력관리 전반을 다룬다. 제3과에서는 기록관리기관의 재원 확보와
예산편성, 지출관리를 다룬다. 제4과에서는 기록관리에 필요한 건물, 기자재, 각종 유틸리티
의 관리에 대해서 다룬다. 모든 MPSR 교재가 그렇지만 특히 이 모듈은 지극히 실무적인
관점에서 서술되어 있는 것이 가장 큰 특징이다. 따라서 저자들도 권고하고 있는 것처럼,
혹시 경영학적·행정학적 기초 이론에 접할 기회가 없었던 독자들이라면 관련 이론서를 먼
저 찾아 읽기를 권한다.

이러한 실무적인 접근 방식이 이 책의 가장 큰 장점이고 매력이지만, 바로 그 점 때문에
번역하는데 상당히 어려움을 겪은 것도 사실이다. 이 책의 저자들이 주요 기반으로 삼고
있는 영국 또는 영연방 국가들의 행정 환경과 행정제도는 우리나라의 그것과 여러 가지 면
에서 차이가 있기 때문이었다. 적절한 용어의 선택과 주석을 통해서 그런 간격을 메우려고
애썼지만 그것이 얼마나 성공적인지는 독자들이 판단할 일이다.

기록물관리법이 제정되고 기록관리 문제에 대한 재조명이 이루어지기 시작한지가 벌써
수년이 흘렀다. 그러나 우리나라에서는 아직도 제 기능을 하는 기록관리기관을 아무리 헤아
려 봐도 손가락이 남을 정도이다. 하루 빨리 자료관과 기록관이 많이 생겨서 그곳에서 봉사
하는 전문가들이 유능한 관리자로서의 역량을 발휘하고, 그런 경험을 바탕으로 우리나라의
행정환경과 제도에 맞는 원칙과 실천방안을 공유하게 되기를 기대해 본다.

2004년 2월 28일
서 혜 란

차례

표

『기록관리의 인적·물적자원』소개

『기록관리의 인적·물적자원』(Managing Resources for Records and Archives Services)은 기록 (records) 및 영구기록(archives) 분야에 종사하는 관리자들에게 기록관리시스템과 기록관리 업무에 영향을 주는 행정관리상의 제반 문제를 소개한 입문서 시리즈 중의 하나이다. 모두 세 모듈로 구성된 이 시리즈의 나머지 모듈은 『기록관리 인프라 개발』(Developing the Infrastructure for Records and Archives Services)과 『기록관리의 전략계획』(Strategic Planning for Records and Archives Services)이다. 이 모듈에 앞서서 다른 두 모듈을 먼저 학습할 것을 권한다.

> *행정관리 문제는 『업무시스템분석』(Analysing Business Systems)에 서도 다루어지고 있다.*

이 모듈들은 이론적이기보다는 실무적인 것이다. 여기서 주장된 여러 가지 기법과 접근방법을 뒷받침하는 이론과 철학은 일반적으로 쉽게 구할 수 있는 광범위한 관리 관련 문헌에서 보다 더 상세하게 다루어지고 있다. 이 모듈에서는 기록관리 업무를 효과적으로 수행하기 위해 필요한 인적, 재정적, 물적자원의 효율적이고 경제적인 관리라는 최종 목표의 달성을 위한 실천적 틀을 제공하는 것에 초점을 맞춘다.

이 시리즈를 구성하는 모듈들은 주로 공공부문에서의 기록관리 업무의 관리에 대해 다루고 있지만, 여기서 사용하는 용어들 대부분은 관리 문제에 대한 연구를 먼저 시작한 민간부문에서 취하고 있다. 따라서 이 시리즈에서 사용되는 주요 용어에 대한 정의를 재확인하는 것으로 이 모듈을 시작하는 것이 중요하다.

사명(Mission) : 조직이 존재하는 목적

업무(Business) : 사명을 완수하기 위한 조직의 핵심 기능

처리과정(Process) : 조직이 그 업무를 수행하는 방법

> **투입(Input)** : 처리과정이 작동하는데 필요한 자원. 처리과정을 통하여 투입은 하나 이상의 산출로 변환된다.
>
> **산출(Output)** : 투입이 처리과정에 의해 변환된 결과
>
> **고객(Customer)** : 처리과정의 산출을 필요로 하거나 이용하거나, 또는 산출에서 편익을 얻는 사람

따라서 한 기관의 인사부서의 **사명**은 효율적인 인사관리시스템을 마련하는 것이며, **업무**는 효율적이고 경제적인 직원 관리에 도움이 되는 여러 가지 기능을 수행하는 것이다. 그 업무를 지원하는 **처리과정** 가운데 하나는 완전하고 정확한 인사기록시스템을 유지하는 것이다. 그 처리과정에 대한 **투입**에는 관련 정보와 기록담당 직원의 전문지식이 포함되며, **산출**에는 최신의 완전한 인사파일이 포함된다. 그 파일로부터 편익을 얻는 **고객**에는 인사관리 책임자, 계선업무 책임자와 직원이 포함된다.

이 시리즈에 속하는 모듈들 전반에 걸쳐 사용되는 그 밖의 주요 용어로는 효율성, 경제성, 유효성 및 비용효과성이 있다.

> **유효성(Effectiveness)** : 특정한 산출을 생산해내는 처리과정의 능력의 척도
>
> **효율성(Efficiency)** : 동일한 투입으로부터 더 많은 산출을 생산해내는 처리과정의 능력의 척도
>
> **경제성(Economy)** : 감소된 투입으로부터 동일한 산출을 생산해내는 처리과정의 능력의 척도
>
> **비용효과성(Cost-effectiveness)** : 효율성, 경제성, 유효성 간 최적의 균형. 비용에 대한 가치(value for money)라고도 한다.

공공부문 기록관리 교육프로그램(MPSR)의 핵심 모듈들은 생애주기 전반에 걸친 기록관리의 전문적 측면에 대한 지침을 제공하고 있다. 이 관리 모듈은 관리자들로 하여금 필수적인 기록관리 업무 수행을 위한 규범적 틀을 확립하고 유지하는데 필요한 추가적 지식과 기술을 갖추도록 하는데 중점을 둔다. 이 모듈들은 공공부문의 문제를 다루며 주로 중앙정부의 활

동에 대해서 언급한다. 다른 부문에 종사하는 사람들은 여기에서 제공된 정보를 자신이 속한 조직 및 시스템과 관련지어서 생각해야 할 것이다.

이 세 모듈에서 '관리자'(manager)라는 용어는 다양한 관리상 결정을 내릴 책임을 가진 사람들을 지칭해서 사용된다. 이 모듈을 공부하는 사람들 중 많은 이들이 실제로는 '관리자'가 아닐 것이다. 그러나 그(녀)가 조직 구조 상 어떤 위치에 있건 여기서 제공된 정보는 유용할 것이다. 이 세 개의 관리모듈을 학습하는 동안은 자신의 실제 지위에 상관없이 스스로를 '관리자'라고 생각하고 관리 문제를 깊이 있고 폭넓게 생각해보기를 권고한다.

『기록관리의 인적 · 물적자원』은 다섯 과로 구성되어 있다.
　　　　제1과 : 인적자원관리 I : 직원의 확보와 유지
　　　　제2과 : 인적자원관리 II : 직원개발
　　　　제3과 : 재정자원관리
　　　　제4과 : 물적자원관리
　　　　제5과 : 다음은 무엇을 할 것인가?

목표 및 성과

학습목표

이 모듈은 네 가지 기본 목표를 가지고 있다.
1. 인적자원관리의 원칙과 실제를 개관한다.
2. 재정자원관리의 원칙과 실제를 개관한다.
3. 물적자원관리의 원칙과 실제를 개관한다.
4. 자원관리에 관한 추가 정보를 어디에서 얻을 수 있는지 설명한다.

학습효과

이 모듈의 학습을 완료하면, 다음과 같은 지식을 배양할 수 있다.
1. 기록 및 영구기록 담당 직원관리의 주요 원칙과 실제를 설명할 수 있다.
2. 자신이 속한 조직의 재정자원관리의 주요 원칙과 실제를 설명할 수 있다.
3. 기록 및 영구기록용 설비와 시설 관리의 주요 원칙과 실제를 설명할 수 있다.

4. 여기서 다룬 주제에 관한 더 많은 정보를 어떻게 찾는지 알 수 있다.

학습방식

다섯 과로 이루어진 이 모듈을 공부하는 데는 약 40시간이 걸린다. 대략,

     제1과에 10시간

     제2과에 8시간

     제3과에 8시간

     제4과에 8시간

     제5과에 6시간을 배당하면 될 것이다.

여기에는 본문을 읽고 연습문제와 학습문제를 해결하는데 소요되는 시간이 포함된다.

각 과마다 마지막에는 주요사항을 요약해 두었다. 제5과에서는 보충자료의 출처를 제시하고 있다.

각 과마다, 제시된 정보에 대해 생각해 보는데 도움을 줄 연습문제가 포함되어 있다. 연습은 모두 '자기평가'를 위한 것이며, '정답'이나 '오답'은 없다. 그보다 연습은 제시된 개념들을 탐구하고 그것을 자신이 학습 또는 근무하는 환경에 연관시켜보도록 설계되었다. 만약 이 모듈들을 독학하는 것이며 기록 또는 영구기록 관리기관의 구성원이 아닌 경우라면, 가급적 가상 상황을 설정하여 연습에서 제시한 문제를 수행하도록 해야 한다. 연습에서 무엇에 대해 쓰라고 하는 경우에는 요점을 간략하게 기술한다. 연습은 점수나 등급을 매기는 것이 아니므로 자신이 배운 정보를 이해하는데 필요하다고 여겨지는 만큼만의 시간을 그것에 투자하면 된다. 스스로 자체 평가를 하는데 도움이 되도록 각 과의 말미에는 연습에 대한 조언을 수록했다.

각 과의 끝 부분에 있는 요약 다음에는 자습용 학습문제들이 제시되어 있다. 이 자습용 학습문제들은 이 모듈에 나오는 자료를 복습하는데 도움이 되도록 만들어졌음을 유념하라. 등급이나 점수를 매기려는 것이 아니다. 제시된 개념을 이해하는데 도움이 된다고 여겨지는 문제들에 대해 대답하도록 한다. 이 모듈이 평점을 매기는 교육프로그램의 일부로 포함되어 있는 경우에는 과제나 시험 같은 외부 평가가 별도로 추가될 것이다.

보충자료

이 모듈은 당신이 문서과(records office), 자료관(records centre) 또는 기록관리기관(archival institution)을 이용할 수 있거나 기록관리에 관여하고 있음을 전제로 하고 있다. 당신은 다양한 연습을 통하여 자신의 경험을 설명하고 그것을 각 과에서 제시한 정보와 비교해보아야 할 것이다. 만일 자신이 속한 조직 내에서 기록이나 영구기록 시설을 이용할 수 없다면, 연습용으로 가상의 시나리오를 만들어내야 할 것이다. 반드시 고위관리직에 있어야만 이 모듈에서 제시한 연습을 수행할 수 있는 것은 아니지만, 조직 내에서 의사결정을 하는 직위에 있거나 조직의 자원관리를 담당하고 있는 친구나 동료와 함께 이 모듈에서 제시한 원칙과 개념들을 토론하고 서로 어떻게 이해했는지를 비교해 보면 좋을 것이다.

업무편람

업무편람 『기록관리직제 모형』(Model Scheme of Service for a Records and Archives Class)이 유용한 보충정보를 제공해 줄 것이다.

사례연구

다음 사례연구들이 유용한 정보를 제공해 줄 것이다.

18 : Gail Saunders and Elaine Toote, Bahamas, 'Records Management - Building or Adapting a Records Centre Facility : The Case of the Bahamas Records Centre'

21 : Setareki Tale, Fiji, 'Improving Records Control and Storage in Papakura'

27 : Terry Cook, Ed Dahl and Ann Pederson, Australia and Canada, 'Living with Your Conscience at the End of the Day : Ethical Issues and Archives/Records Managers'

인적자원관리 I : 직원의 확보와 유지

이 모듈의 제1과와 제2과에서는 인적자원의 효과적 관리에 관련된 문제들을 소개하고 설명한다. 제1과는 특히 직원의 모집과 훈련을 다룬다.

어느 조직에서나 가장 중요한 자원은 직원, 조직을 위해서 일하는 사람들, 다시 말해서 인적자원이라는 점은 누차 언급되어 왔다. 조직이 사명선언문(mission statement), 목적(aims)과 목표(objectives)를 가지는 것도 중요한 일이지만, 적절한 인재가 조직 내에 자리 잡고 있지 않다면 그러한 이상들은 절대로 실행에 옮겨지지 않을 것이며 목표는 결코 달성되지 못할 것이다.

행정개혁(public service reform)과 관련해서, 인적자원관리는 구조조정으로 이끄는 업무 합리화의 일환으로서 매우 강조되고 있다. 개혁과정은 인적자원의 양보다는 질을 중요시하며, 동기부여(motivation), 자격(competencies)과 경력 오리엔테이션(career orientation)을 더 강조한다.

인적자원관리는 쉬운 일이 아니다. 적절한 자질과 동기를 갖춘 직원을 확보하는 데는 비용과 시간이 필요하다. 어떤 사람을 보직하는 것은 시작에 불과하다. 직원은 조직에 의해 효율적으로 유지, 훈련, 개발, 활용되어야 한다. 그럼으로써 조직은 직원들의 기여를 통해 편익을 얻고, 개인들은 자신에게 부여된 일을 수행하면서 자기 자신이 발전과 성장을 하고 있다고 느낀다.

다른 모든 행정과정에서와 마찬가지로, 효과적인 인적자원관리는 바람직한 레코드키핑 관행(record-keeping practices)에 크게 좌우된다. 이 점은 『인사기록물관리』(Managing Personnel Records)에서 구체적으로 다루므로 여기서는 간단히 언급만 하겠다.

> *인적자원 기록의 관리에 대한 더 많은 정보를 얻으려면 『인사기록물관리』(Managing Personnel Records)를 보라.*

제1과는 기록관리 분야 관리자들이 인적차원을 확보, 유지, 개발하는 과정에 따라 구성되어 있다. 이 과정에서 필수적인 요소는 적절한 유형의 직원을 선발하고 유지함으로써 기록관리의 생애주기 개념이 모든 정부기관에서 효과적으로 개발·유지되도록 보장하는 것이

다. 공공행정 분야에서 모집(recruitment)의 책임을 분산시키는 경향이 점점 늘고 있기는 하지만, 그 책임을 여전히 범정부적 기관(예컨대 공무원인사위원회(Public Service Commission) 같은)이[1] 가지고 있는 경우가 많다. 그러나 그런 환경 하에서라도, 최소한 모집과정의 초기단계에는 단위기관의 관리자가 관여하게 될 것이다. 그(녀)는 특히 전문적 자격과 관련해서 조직의 목표 달성을 위해 어떤 충원조건이 필요한가를 아는데 가장 적절한 위치에 있는 사람이며, 충원 권한을 가진 사람들에게 그 조건들을 명확하게 설명하고 변호할 수 있어야 한다.

제1과는 관리자들에게 다음과 같은 면에서 도움을 줄 것이다.

- 인적자원계획(human resources planning)의 중요성을 이해한다.
- 관련된 재정 및 등급설정 과정(financial and grading processes)을 이해한다.
- 모집, 임대(loan), 전보(transfer), 파견(secondment) 등 인적자원을 확보하기 위한 일련의 옵션들에 관해 안다.
- 효과적인 신입직원 연수(induction training)를 실시한다.
- 효과적인 직급명세서(scheme of service), 노사관계, 건강과 안전, 고용평등 및 커뮤니케이션을 통해 직원을 유지하고 관리한다.

1. 인적자원 수요의 산정

조직에서 적절한 인적자원을 확보하는 방법을 살펴보기에 앞서서, 조직 자체와 조직이 완수해야 할 임무를 살펴보고 그 업무를 가능한 한 효율적이고 비용효과적으로 수행하는데 필요한 직원을 산정하는 것이 필요하다. 이 과정을 인적자원계획이라고 한다. 관리자가 등급 설정(grading)과 직위의 수(numbers of posts)에 관한 조건들을 확정하는데 도움이 되는 여러 가지 기법들이 있다.

인적자원계획

인력계획(manpower planning)이라고도 일컬어지는 인적자원계획은 전술적(tactical)이자 전

---

1) 정부의 인사정책을 수립하여 그 집행을 총괄하는 중앙인사기관을 가리킨다. 중앙인사기관의 명칭은 국가마다 다를 텐데, 현재 우리나라에서는 중앙인사위원회와 행정자치부로 이원화되어 있다(역자 주).

략적(strategic)인 활동이다. 조직의 단기적 사업목표 달성을 위해 가용 인적자원을 최적 배치하는 것과 장기적 사업목적 달성을 위해 적시에 적절한 인적자원을 공급하도록 계획을 세우는 것을 말한다. 이것은 조직의 목적과 목표를 달성하기 위해 필요한 인적자원의 산정과 그에 뒤따르는 직원의 모집, 훈련 및 개발 과정의 계획에 기반을 둔다. 필요한 직위의 수와 구조, 각 직위에 대한 등급설정, 적절한 인력을 배치하고 유지하는데 필요한 기술(skills)과 자격조건(qualifications) 및 훈련, 그리고 소요비용을 결정하는 것도 포함된다. 이것은 인사담당부서가 독자적으로 결정하도록 내버려둘 수 있는 일이 아니다. 인적자원계획에는 조직 내의 계선관리자, 고위관리자 및 정부기관 내에서 등급 설정, 정원관리(complementing) 등 관련 문제에 대한 전반적 책임을 지는 전문가들이 참여해야 한다.

조직구조

대규모 조직에서는 수행해야 할 각 기능들의 범위를 반영하는 계선적인 조직구조가 되기 쉽다. 일반적으로 구조가 간단할수록 더욱 효과적으로 기능을 수행할 것이다. 조직도표를 얼마나 쉽게 그릴 수 있는가 하는 것이 조직구조의 활력을 가늠하는 잣대가 된다. 전문직 직위(professional posts)와 비전문직 직위(subprofessional posts)를 명확히 구별하는 구조가 되어야 하며, 보다 적은 수의 전문직이 보다 많은 수의 비전문직을 감독함으로써 구조를 그림으로 나타낼 때 가능한 한 삼각형에 가깝게 되어야 한다.

조직도표(Organisation chart) : 조직의 구조를 그림으로 표현한 것

임의의 기록관리기관의 관리구조를 나타낸 다음 표를 생각해 보자.

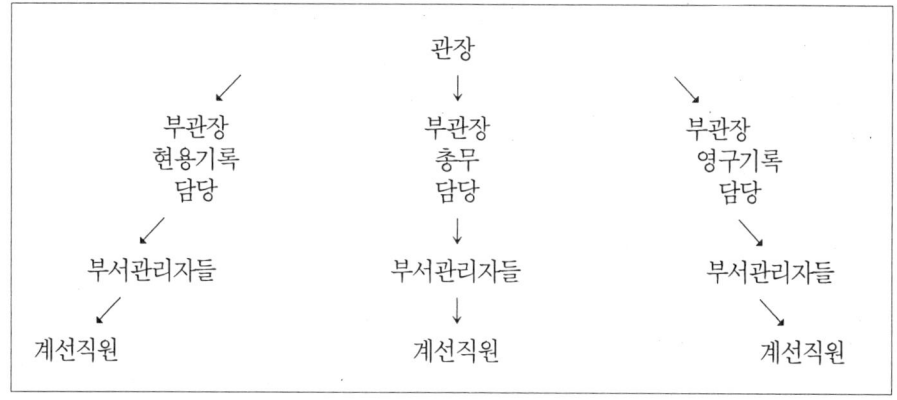

표 1 : 기록관리기관의 조직도표

기록관리 업무의 조직구조는 『기록관리 인프라 개발』 *(Developing the Infrastructure for Records and Archives Services)* 에서 더 상세하게 다룬다.

등급설정

등급설정*(Grading)* : 조직구조 상의 각 직위를 업무의 성격과 책임 수준에 따라 미리 결정된 분류표 상의 해당 지점에 위치시키는 것

등급설정은 다음과 같은 기준에 따라 각 직위를 평가하는 체계적 방법에 기반을 두고 판단을 하는 것이 필요하다.

- 관리내용의 중요성
- 통솔범위
- 요구되는 자격(전문성)의 수준(및 그에 따라 발휘되는 전문직의 주도권)
- 업무량

그러나 업무량은 등급설정보다는 특정 수준에서 필요한 직위의 수와 더 관련성이 높다. 때로는 지식과 경험이 등급설정에 관련된 것으로 간주되기도 하지만, 지식과 경험이란 그 직위에 필요한 필수적 자격인 경우에 간접적으로만 관련이 있다.

통솔범위*(Span of control)* : 한 명의 보직자에 의해 직접적으로 관리되는 부하직원의 수

이처럼 체계적 접근을 하지 않는다면, 필연적으로 일관성을 유지하지 못하고 과잉등급설정(overgrading)[2]을 함으로써 다음과 같은 결과를 초래할 것이다.

- 인건비의 증가
- 조직구조의 왜곡과 비효율성
- 공석이 된 수준을 채우기 위한 직원 수의 증가 경향

---

2) 특정 직급에서 수행하는 직무의 종류, 난이도와 책임정도에 비해 지나치게 높은 등급을 설정하는 것(역자 주).

- 등급설정체계의 논리성이나 정당성을 인정하지 않는 직원과 승진(upgrade)이 되지 않은 직원들의 불만족

등급설정이 과학적 기법은 아니지만, 공공부문에는 통상적으로 등급설정을 체계적이고 일관되게 할 수 있는 세 가지 관리도구가 있다.

1. 특정 조직을 위해 설계된 직무평가표(job evaluation scheme)
2. 보수 및 등급설정 구조에 있어서 주요 등급 수준(key grade levels)에 대한 등급설정지침
3. 직급명세서

특히 기록관리 업무와 관련해서 정부기관이나 조직 내에서 인사관리 책임을 맡고 있는 전문가들이 이들 도구에 대한 접근법과 적용 방법에 관한 자문을 할 수 있을 것이다.

> *기록관리 직원에 대한 등급설정과 직급명세서에 대한 보다 상세한 논의는 『기록관리 인프라 개발』(Developing the Infrastructure for Records and Archives Services)과 『기록관리직제 모형』(Model Scheme of Service for a Records and Archives Class)을 보라.*

[연습 1]

자신이 속해 있는 조직의 조직도표를 그려 보라. 그리기가 얼마나 쉬웠는가? 또는 어려웠는가? 조직도표가 삼각형에 얼마나 가까운가?

그 다음에는, 자신이 속해있는 조직에서 인적자원 수요를 산정하는 과정을 간략하게 기술하라. 등급설정을 위한 과정은 무엇인가? 신입 직원은 어떻게 선발되는가?

조직 내의 동료들과 이 활동에 대해 토론하거나 자신이 처음 조직에 들어왔을 당시의 경험에 의존해야 할 것이다.

---

2. 인적자원의 확보

새로운 인적자원의 확보를 고려하는 경우에는 자동적으로 모집과 관련지어서 생각하게 된다. 물론 그것이 조직 외부로부터 사람을 확보할 때 취하는 정상적인 방법이기는 하지만, 임대나 전보, 파견 같은 다른 방법이 요구에 가장 적절한 것은 아닌지를 생각해보는 것이

타당할 수 있다.

> 모집이란 인적자원을 확보하는 방법 가운데 하나일 뿐이다. 임대,
> 전보 또는 파견을 통해서도 사람을 고용할 수 있다.

이 장에서는 이들 각각의 방법에 대해 상세히 살펴보겠다. 또 신입직원이 조직에 들어왔을 때 효과적인 신입직원 연수의 필요성에 대해서도 살펴보겠다.

이 과정에는 계선관리자가 관여할 것으로 생각되지만, 그 활동은 기록관리기관의 인사담당부서에서, 경우에 따라서는 상위 조직과 함께, 수행하게 될 것이다. 또한 행정부에서 공무원관리를 맡은 정부기관이 규정한 절차에 따르게 될 것이다.

이 절차에는 임용권자(appointing authority)의 합의를 구하는 것이 포함되는데, 해당 직위의 등급에 따라 임용권자는 달라진다.

> **임용권자(*Appointing authority*)** : 헌법, 법률 또는 규정에 의해 어떤 사람을 공무원제도 내의 특정 등급의 직위에 공식적으로 임용할 권한을 가진 사람이나 기관

업무계획서와 연간예산요구서(annual estimates)

직위 자체와 함께 그 직위에 대한 해당 회계연도의 재정지원이 모두 승인되도록 보장받기 위해서 취해야 할 절차를 먼저 생각하는 것이 중요하다.

차기 연도에 조직의 목표를 달성하기 위해 필요한 인적자원을 비롯한 각종 자원은 연간업무계획서(annual business plan)에 이미 제시되어 있을 것이다. 그러한 자원을 위해 지불할 재정은 연간예산요구서(annual estimates)를 통해서 확보될 필요가 있을 것이다.

연간예산요구서 작성은 구체적인 인적자원요구서(human resources bids)를 준비하는 과정에서 계선관리자와 인사담당부서의 주요한 관심사가 된다. 많은 국가에서 정원관리는 여전히 중앙에 의해 엄격하게 통제되고 있다. 즉 재정을 담당하는 부처가 하위 인적자원 수요판단(subordinate human resources estimates)을 통해서 채용규모(staffing estimates)에 대한 기본원칙을 정한다. 정원관리에 대한 중앙집권적 통제를 하지 않는 국가에서는 각 기관별로 자체 예산의 범위 내에서 자유롭게 직원 수를 결정한다.

> **정원관리(Complementing)** : 조직의 목적과 목표를 비용효과적으로 달성하기 위해 필요한 직원의 수와 등급을 결정하는 것

그러나, 정원관리가 중앙집권적이든 아니든, 조직이 인적자원요구서를 마련할 때는 다음과 같은 일을 해야 한다.

- 조직의 전반적 전략계획 및 업무계획과 관련지어 제안을 검토한다.
- 새롭게 만들 필요가 있는 직위에 대해서는 그 당위성을 제시한다.
- 제안된 신규 직위들 각각에 대해서 상세한 직무기술서(job description)를 마련한다.
- 조직의 바뀐 구조와 계선관리체계를 제시한다.
- 상쇄시키는 인사상 절약 사항이 있는지 밝힌다.
- 새로운 직위에 드는 비용과 그것이 예산에 미치는 영향에 대해 밝힌다.

> *전략계획 및 업무계획에 대한 좀더 상세한 논의는 『기록관리의 전략계획』(Strategic Planning for Records and Archives Services)에서 다룬다.*
> *예산편성에 대한 좀더 상세한 논의는 제3과에서 다룬다.*

공석을 채우기 위한 조처

공석이 생기는 경우, 계선관리자는 다음 문제들을 고려해야 한다.

- 그 직위의 구조나 등급을 변경함으로써 업무단위의 효율성이 개선될 수 있는가?
- 앞으로 예측할 수 있는 기간 동안 그 직위에 대한 재정지원이 가능하며 그것이 계선관리자의 합의된 업무프로그램에 반영되고 있는가?
- 그 직위가 시간제 근무(part-time work)[3]나 일자리 나누기(job-sharing)[4]에 적합한가?
- 그 직위가 조직 내 다른 직원의 전보나 승진으로 채워질 수 있는가?
- 그 직위가 공무원조직 내외의 다른 기관으로부터의 임대, 파견 또는 전직으로 충원될 수 있는가? 만약 가능하다면, 공무원조직 내의 타 분야에서 그 직위에 대한 모집공고를 하기 위해 어떤 조치를 취해야 하는가?
- 그 직위에 대해 공개적으로 모집공고를 할 필요가 있는가?

---

3) 소정의 근로시간 이하로 근무하는 것(역자 주).
4) 한 가지 직무를 둘 이상의 시간제 근로자가 분담하여 수행하는 것. 직무공유하고도 한다(역자 주).

위의 사항을 검토한 후 그 직위를 임용하기로 했다면, 모집공고를 내기 전에 잉여 직원 가운데 적임자가 있는지 여부, 보직을 기다리는 신입직원의 자격, 복직을 원하는 퇴직 직원의 임용 가능성을 인사담당부서와 협의해야 한다.

> **파견(Secondment) :** 파견 기간이 끝나면 원래 조직으로 복귀할 예정으로 직원을 다른 조직에 빌려주는 제도. '파견'과 '임대' 간에는 기술적 차이가 있는데, 전자는 빌려주는 조직이 빌려준 사람의 임금을 지불하는 것이고 후자는 빌리는 조직이 임금을 지불하는 것이다.

모집 절차

공개성, 공정성 및 자질이 공무원 모집의 주요 원칙들이다. 모집 과정의 모든 단계에서 이들 원칙을 반드시 명심해야 한다.

공개성의 원칙이란 본질적으로 그 직무에 널리 응모할 수 있게 하는 것이다. 공정성의 원칙은 누군가가 처음 그 직무에 관심을 표시한 시점에서부터 선발 결정이 내려지는 시점까지 지원자들 간에 불공정한 차별이 없도록 보장하려는 것이다. 자질의 원칙에는 다음 두 가지 개념이 포함되어 있다. 즉 해당 직무를 수행할 자격을 갖고 있지 않다면 누구도 그 직무에 임용될 수 없다는 것과 임용 기준을 만족시키는 지원자가 두 명 이상이라면 해당 직무를 가장 잘 수행할 사람에게 그 직무를 제안해야 한다는 것이다.

> 공개성, 공정성 및 자질이 공무원 모집의 주요 원칙들이다.

새로 만들어진 직위를 채우기 위한 모집인 경우, 공고문안을 작성하기에 앞서서 첫 번째로 해야 할 일은 그 직위에 대한 직무명세서(job specification)를 작성하는 것이다. 직무명세서는 직무의 목표, 부과된 과업, 그리고 그 직무를 만족스럽게 수행하기 위해 필요한 자격을 기술한다.

자격은 다음 세 종류로 나눌 수 있다.

1. 지식
2. 기술
3. 능력

자격이란 직무를 효과적으로 수행하려면 무엇을 잘해야 하는가에 대한 해답이다. 공식 자격증을 부여하는 교육과 훈련을 받거나 또는 경험과 현직학습(learning-on-the-job)[5]을 통해 그런 자격을 갖출 수 있다.

***자격**(Competencies)* : 수행해야 할 직무범위와 관련해서 한 개인이 획득한 지식, 기술 및 경험의 수준

위와 같은 범주 내에 속하는 바람직한 특성으로는 교육과 자격증, 경험과 훈련과 기술, 인성 조건, 신체적 및 정신적 특질 등을 들 수 있다.

직무명세서를 작성할 때는 해당되는 특정 직무의 만족스러운 수행에 필수적인 지식, 기술과 능력 만 열거하는 것이 중요하다. 관련된 직급명세서가 마련되어 있는 경우에는 직무명세서에 그 직급 수준에서 그 직위에 적용되는 자격조건을 포함시켜야 한다.

***직급명세서**(Scheme of service)* : 공무원 중 특정 직급(occupational class)에 대해 세부사항을 규정한 기본 문서

공고문안을 작성할 때는 그밖에도 근무지, 연령제한, 보수 및 마감시한 같은 사항을 반드시 염두에 두어야 한다. 또한 다음 지침들도 지켜져야 한다.

- 직무명세서를 검토해서 관련 정보를 추출한다.
- 해당 직무의 매력 요인을 결정하고 공고문에 표시할 사항들을 선택한다. 그것은 보수, 직무의 성격, 승진 전망 또는 근무지 등이 될 수 있다.
- 공고문에 들어가는 직무기술서를 바람직한 반응을 얻을 수 있게 만든다.

특별한 경우를 제외하고는 최종적으로 만들어진 공고문에는 직무명, 기관과 부서에 대한 설명, 직무기술서와 명세서, 요구되는 자격, 정규직 또는 임시직 여부, 보수, 지원방법 안내 같은 요소들이 적절히 간략한 형태로 들어가야 한다.

공고문이 임용권자에 의해 승인되면 적절한 신문과 기타 배포처에 보내서 널리 광고되게 해야 한다. 공고문에는 작성한 지원서의 제출 기한과 제출처를 명시해야 한다. 공고문을 공

---

5) 교육훈련을 받은 자가 실제 직위에서 근무를 하면서 상급자나 선임자로부터 지도나 훈련을 받는 것(역자 주).

석이 생긴 기관에서 내는지 아니면 공무원 인사담당기관에서 내는지는 그 지방의 관행에 따른다.

모집일정표

모집과정에 소요되는 시일이 길어질 수 있는 위험이 있다. 공석이 존재한다는 사실은 그 직위를 채워야 할 긴급한 필요성이 있으며 그 직위의 업무가 이루어지지 못하고 있다는 뜻 이다. 게다가 지원자들에게 선정과정의 진척상황을 계속 알려줘야 할 의무가 있다. 그러므로 공채에 의해 공석을 충원한다는 결정이 내려지면 곧 채용과정은 하나의 프로젝트로서 계획되고 관리되어야 한다.

> 프로젝트 기획과 관리는 『기록관리의 전략계획』(Strategic Planning for Records and Archives Services)에서 더 상세하게 다룬다.

모집일정표를 작성해서 주요 일자를 명시해야 한다.

> 모집은 미리 마련된 일정표에 따라 이루어져야 한다.

주요 단계와 권장 일정표는 다음과 같다.

단계	활동	일정
1	공석의 통지	x일
2	공고문 준비	x + 1주
3	공고문 발표	x + 2주
4	마감일	x + 5주
5	선발후보자명부 작성	x + 6주
6	면접 시작	x + 8주
7	면접결과의 승인	x + 9주
8	임용장 발행	x + 10주

표 2 : 모집의 주요 단계와 권장 일정표

정상적인 경우라면 모집 작업을 시작해서 3개월 이내에 마무리할 수 있어야 한다. 공석의 수가 많거나 특정 공석에 대한 지원자가 유난히 많을 것으로 예상된다면 기본일정표를 연장할 수 있다. 이런 방법으로 미리 계획을 세움으로써 얻는 이점 중 하나는 선발위원회 구성원들에게 언제 면접을 해야 하는지를 훨씬 미리 통보해 줄 수 있을 것이라는 점이다.

연중 상시적으로 상당수의 공석이 발생할 것이 충분히 예상되는 경우(예를 들어서 직급명세서 내의 기본 등급에 임용하는 경우 같이)에는 한 번의 모집과정을 통해 일단의 적격자 풀을 만들어 놓고 실제로 공석이 생길 때마다 그들을 임용할 수도 있다.

지원서

임용지원자는 자신이 해당 직위에 대한 최소한의 자격조건을 갖추었다는 증거와 함께 반드시 자필 지원서를 제출하도록 해야 한다. 지원서의 일차적 목적은 선발위원회가 첫 단계에서 그 직위에 대한 최소한의 자격조건을 충족시키지 못하는 지원자들을 탈락시킬 수 있도록 함으로써 선발을 잘 하는데 도움을 주는 것이다. 이차적 목적은 그 지원자가 고용되었을 경우에 개인정보를 제공하는 것이지만, 그것이 모집과정을 방해하지는 않는다.

지원서 접수통지는 곧바로 각 지원자에게 전달되어야 한다.

선발후보자명부(short list)의 작성

모집의 목표는 면접대상이 되는 지원자들로 이루어진 선발후보자명부를 만드는 것이 되어야 한다. 제출기한이 지나면 곧바로 지원서를 전부 담당관(들)에게 보내서 지원자 중 선발후보자를 추천하게 해야 한다. 때로는 지원자가 극소수일 수도 있다. 그런 경우에도 지원서를 검토해서 지원자들이 직무명세서의 자격조건을 충족시키는지를 확인해야 한다. 명백하게 공석에 적합하지 않은 사람을 면접하는 것은 모든 사람들의 시간을 낭비하는 것이 된다.

지원자가 상당수에 달하는 경우에는 지원서 상의 정보를 검토해서 직무명세서와 대조해 보아야 한다. 그런 다음 지원서를 '유망' '가능' '부적절'의 세 부류로 나눈다. 처음 두 부류에서 선발후보자명부가 작성될 것이다.

이 '선별' 과정에 관여하는 사람들은 반드시 지극히 객관적으로 지원서를 판단해야 한다. 선발후보자명부에 포함시키는 기준은 지원자가 직무명세서의 자격조건을 만족시키는가 여부이지 '내가 아는 사람이군. 그가 아주 적임자일거야' 가 아니다. 기회균등을 염두에 두어야 하는 것도 중요하다. 최종 선발후보자명부는 지원자 수와 공석의 수가 대개 3 : 1의 비율이 되어야 한다.

위의 모집일정표를 명심해서 담당관은 지원서를 정해진 날까지 인사부서에 반납하도록 해야 한다. 선발후보자명부에 들지 못한 지원자들에게는 즉시 예의를 갖추어 서면으로 통지해야 한다.

선발

선발이란 모집과정 중 최종단계의 의사결정을 말한다. 선발후보자명부에 든 지원자들은 선발 절차의 일부로서 면접에 응하거나 또는 필기시험을 보아야 할 것이다. 선발후보자명부에 든 지원자들에게는 예정된 날짜, 시간, 장소에서 면접에 응하거나 필기시험을 치러야 한다는 사실을 통지해야 한다.

면접에 참여해야 하는 사람들에는 공석이 생긴 부서의 계선관리자, 임용권자와 기록관리기관의 대표자들이 포함된다. 독립적인 적절한 사람 한 명이 면접위원회에 참여함으로써 모집과정의 투명성이 높아질 것이다. 면접관 중 한 사람은 위원장 역할을 해야 한다.

면접관들은 다음 사항들을 명심해야 한다.

- 면접에 앞서, 지원자의 경력 중 주요한 부분에 관해 더 충분한 정보를 얻기 위해 직무명세서와 지원서 상의 정보를 비교해서 면접을 계획한다.
- 학력, 자격, 경력, 훈련, 기술, 동기 및 기타 특수 상황 같은 핵심 부분들을 다루도록 면접의 틀을 짠다.
- 외모, 매너, 태도를 포함해서 지원자가 타인에게 줄 인상에 대해 주의를 기울인다.

면접

다음은 바람직한 면접절차를 요약한 것이다.

면접의 개시

위원장은 지원자에게 이제부터 무슨 일이 생길 것이며 무엇을 해야 하는가를 알려줌으로써 면접 준비를 해야 한다.

정보의 교환

면접 준비가 완료되면, 면접관은

- 지원서에 나타난 이력사항을 살펴서 공백이 있으면 채울 수 있다.
- 지원자가 직무에 필요한 자격과 적합성을 갖추고 있는지를 평가하기 위해 지원자의 지식, 경험과 견해의 중요한 부분을 밝힐 수 있다.
- 지원자가 직무상황에 대해 가질 수 있는 질문에 대답할 수 있다.

면접의 초기단계에서 이미 지원자가 그 직위에 부적절하거나 자격을 갖추지 못했음을 드러낸다고 하더라도, 지원자가 충분하고 공정한 청문의 기회가 주어졌다고 느낄 수 있도록 면접이 실시되어야 한다.

면접의 마무리

면접을 끝낼 때는 지원자에게 참석한 것에 대한 고마움을 전하고, 결과통지 예정일자, 교통비 반환요구 절차 등을 알려주어야 한다.

면접에 대한 기록

면접 직후에 면접위원회는 지원자가 임용에 적합한지 여부에 대해 합의해야 하고, 모든 면접이 끝난 후에는 적합한 지원자들을 적합성 순서대로 순위를 매겨야 한다.

면접관들은 최종 결정을 뒷받침하는 기록을 하는 것이 중요하다.

면접 이후

면접 결과가 드러나면 합격한 지원자와 불합격한 지원자 모두에게 신속하게 결과를 알려야 한다. 합격한 지원자들에게는 임용통지서(offer of appointment letter)를 보내고 불합격한 지원자들에게는 그들이 이번에는 임용 추천을 받지 못했음을 알리는 정중한 편지를 보내야 한다.

> 지원자에게는 가능한 한 빨리 면접의 결과를 알려야 한다.

경우에 따라서는 면접을 한 지원자 중 누구도 직무명세서의 요구조건에 맞지 않았기 때문에 재공고를 해야 할 필요가 생길 수 있다. 그렇게 하기에 앞서, 경험으로 미루어 보아, 직무명세서나 공고를 다시 만들 필요가 있는지를 고려해보아야 한다. 이제 막 공석이 확정된 직위보다는 재공고된 직위를 채우는 일이 훨씬 긴급함은 물론이다.

임용통지서(Appointment Letters)

모든 임용통지서에는 다음 사항이 명시되어야 한다.

- 임용되는 직위의 정확한 명칭
- 임용 조건, 예컨대 임시직 또는 정규직 여부, 연금수령 자격 여부, 그리고 해고에 필요한 사전통지기간 등

- 직위에 해당되는 직급과 호봉(pay scale)
- 초봉(starting salary)
- 임용개시일자와 승진일자
- 시보기간
- 임용이 문서로 승인되지 않으면 효력을 발생하지 않는다는 선언(statement)

시보임용(probation)과 임용의 확정

첫 임용은 일반적으로 시보임용기간을 조건으로 이루어지게 되며, 그 기간은 보통 일년이다. 시보임용의 목적은 품행, 능률성과 출근율을 판단하고 성과가 좋지 않을 경우 신속히 임용을 취소하려는 것이다. 그러므로 시보임용기간 내내 성과, 품행 및 건강상태를 객관적으로 검증하는 것이 중요하다.

임용의 확정은 반드시 근무자의 성과와 품행에 대한 만족스러운 보고서를 조건으로 해야 한다. 보고서가 만족스럽지 못할 경우에는 임용후보자에게 그의 부족한 점에 대해 알려야 한다. 대부분의 임용은 확정될 것이다. 가끔 시보임용기간이 연장될 수도 있지만 특별한 경우가 아니라면 그런 관행을 만들지 말아야 한다. 임용이 취소되는 경우 임용후보자에게 사직할 수 있는 선택권이 주어져야 한다.

> *시보임용기간을 통해 관리자들은 품행, 능률성과 출근율을 검증하고, 성과가 나쁠 경우 신속히 임용을 취소할 수 있다.*

신입직원 연수 프로그램

신입직원 연수 절차를 통해 모든 직원들이 조직의 사명, 목적과 목표, 관행과 가치에 대한 공통의 이해를 가지게 된다.

> *모든 신입 직원들에게 조직을 효과적으로 소개해야 하며 그들이 일하는데 필요한 훈련과 계발이 제공되어야 한다.*

신입직원 연수의 목적은 다음과 같다.

- 신입직원들로 하여금 자신들이 효율적이고 잘 운영되는 조직에 합류한다고 느끼게 한다.

- 신입직원들에게 적절한 도움과 정보를 어디서 얻을 수 있는지를 알려준다.
- 그들에게 자신들의 권리, 고용조건 및 책임을 알려준다.
- 그들에게 주요 인사 정책을 알려준다.
- 조직이 그들에게 기대하는 바를 명확히 알게 해준다. 그들이 가능한 한 이른 시일 내에 조직의 일에 공헌할 수 있도록 한다.
- 유능한 직원이 계속 남아있도록 격려한다.

배경에 따라 차이가 있겠지만, 인사부서와 계선관리자들이 따라야 할 절차는 다음과 같다.
1. 조직에 관한 임용 전 정보(pre-appointment information)를 신규임용 예정자에게 보낸다.
2. 연수 자료를 발행하고 일차 브리핑을 하는 인사관리자와 먼저 면담을 해야 한다.
3. 계선관리자는 신입자를 직무에 안내한다. 계선관리자의 역할은 직무를 정의하고, 목표에 대해 합의하며 신입자들이 직무를 수행하기 위해 필요한 훈련이나 계발을 조율하는 것이다.
4. 신입자를 신입직원 연수훈련 참석 후 3개월에서 6개월 이내에 소환해서 조직과 그 기능에 대한 심층적 소개를 한다.

[연습 2]

　자신이 속한 조직에서 공석을 채우기 위해 사용하는 절차에 대해 간단히 기술하라. 모집광고 작성에서부터 지원자 모집, 연수와 훈련에 이르기까지 모든 절차를 상세히 다루라. 효율성과 효과성을 개선하기 위해서 변경할 수 있는 절차를 두세 가지 (또는 그 이상) 제시할 수 있는가?
　조직 내의 동료들과 이 활동에 대해 토론하거나 자신이 처음 입사했을 때의 경험을 끌어낼 필요가 있을 것이다.

---

3. 인적자원의 유지

　공공부문에서의 인적자원관리를 살펴보면 두 가지 측면, 즉 모집과 유지가 언제나 함께 간다. 여기서는 어떻게 신입직원을 관리, 즉 유지할 것인가를 다룬다.
　모집은 경비와 시간이라는 두 측면에서 비용이 많이 드는 활동이다. 핵심 인물을 조직에 영입하거나 또는 특정 프로젝트를 위해 핵심 팀을 규합하는 데는 그들의 확신과 참여를 유지하는 것이 중요하다. 그렇지 못하면 초기 지출은 낭비가 되고 당면한 과업은 완수하지 못할 것이다.

우선 기대되는 것은 신규 임용자가 높은 수준의 열성과 기대를 가지고 직무를 맡는 것이다. 그 열성이 유지되어야 한다. 초기 단계에서 신입 직원은 그(녀)가 좋은 상관 즉 부하의 복지에 관심을 가진 상관을 만났다는 메시지를 가질 필요가 있다. 모든 목표는 신규 임용된 초기에 직원의 사기를 고양시키는 것이어야 한다. 신입 직원에게 개별적인 관심을 기울임으로써 그 목표가 부분적으로는 이루어질 수 있지만, 조직의 전체 시스템과 절차를 통해 모든 직원들이 그들의 이익을 지키고 증진하는 틀 내에서 움직인다는 것을 보여줌으로써 한층 더 잘 달성될 수 있다.

이제부터는 그러한 시스템과 절차의 다섯 요소를 상세히 생각해보도록 하겠다.

1. 직급명세서
2. 노사관계
3. 보건과 안전
4. 고용평등
5. 커뮤니케이션.

직급명세서

직급명세서는 해당되는 직급(class or cadre)에 신규 임용되거나 승진하는데 필요한 자격과 경력을 규정하는 것이다. 여기에는 일반적으로 다음 사항들이 포함된다.

- 임용의 조건과 자격
- 개별 등급과 직위에 적용되는 임무와 기준
- 현직훈련 계획
- 승진기준
- 직군 내외의 전보에 대한 규정

직급명세서의 주 목적은 공무원 인사가 효과적이고 효율적으로 이루어지고 모든 업무에 걸쳐 통일된 기준이 적용되도록 보장하는데 도움이 되는 것이다. 직급명세서는 조직이 질서, 공정성, 기준, 훈련과 승진에 관심을 기울인다는 것을 보여주기 때문에 직급 내의 모든 구성원에게 큰 자극제 역할을 한다.

직급명세서는 「기록관리 인프라 개발」(Developing the Infrastructure for Records and Archives Services)에서 더 자세히 다룬다. 직급명세서의 사례는 함께 나온 편람 「기록관리직제 모형」(Model Scheme of Service for a Records and Archives Class)에 포함되어 있다.

[연습 3]

당신이 속한 조직에는 직급명세서가 확립되어 있는가? 만약 그렇다면 그것을 간단히 기술하라.

직급명세서에는 다음 사항이 포함되어 있는가?

      임용 조건과 자격

      개별 등급과 직위에 적용되는 임무와 기준

      현직훈련 계획

      승진기준

      직군 내외의 전보에 대한 규정

효율성과 효과성 개선을 위해 직급명세서를 개정할 수 있는 두세 가지 방안을 제안할 수 있는가?

만약 직급명세서가 없다면 조직 내에서 고용과 직원의 감독과정을 관장하는데 사용되는 기준을 설명하라.

노사관계

관리자와 직원이 공동의 목표 달성을 향해 협력하려면 좋은 노사관계가 필수적이다. 바람직한 노사관계의 조성은 관리자의 책임이며 노사간의 커뮤니케이션에 따라 좌우된다.

그러한 커뮤니케이션을 위한 한 가지 유용한 채널은 노동조합 또는 직원협의회이다. 직원들이 자신들의 노동조합이 조직한 활동에 참여하기를 원할 때 자유롭게 참여할 수 있는 정도는 관리자의 태도에 달려있다. 통상적으로는 토의되는 주제와 피고용인의 일상 업무 간에 직접적인 이해갈등이 없는 한, 직원들이 노동조합 활동에 참여할 절대적 자유가 보장되어야 한다.

> *관리자와 직원 모두 노동조합과의 열린 관계에서 편익을 얻는다.*

일반적으로 말해서 노사관계 활동에 대한 직원의 참여는 두 가지 종류로 나누어진다.

- 관리자와의 비공식적 관계
- 정보교환, 자문, 또는 드물지만 협상에 주요 초점을 두는 공식적 회의

전략, 정책과 관리문제 전반에 대한 직원들의 반응을 측정할 수 있도록 조직 내에서 선출된 노동조합 대표자들과 대화할 수 있는 것이 관리자의 관심사이다. 그런 제도가 없다면 관리자로서는 모든 계급의 직원이 참여하는 또는 좀더 공식적인 계층 구조를 통해서 자문회의를 소집하는 것이 필요할 것이다. 어느 경우에나 그 결과는 관리자와 노동조합 대표자들 간의 건전한 의견교환보다는 노사관계에 대한 하향식 접근이 될 것이다.

이러한 제도 하에서 다루어질 수 있는 주요 분야는 급여, 근로조건, 인사절차, 훈련, 고충처리, 수당 등이다. 이 분야에서 진전할 수 있는 자유의 정도는 공공행정의 근무조건에 적용되는 좀더 구체적인 규정과 함께 각국의 관련 법률에 따라 다를 것이다.

건강과 안전

작업장에서의 건강과 안전은 피고용인의 근로환경에 영향을 미치는 또 하나의 기본적 부문이다. 이 문제가 법률에 의해 규제되는 범위는 국가마다 다양하다.

기소 당하지 않기 위해서(법률이 있다면) 단지 법률이 정한 최소 기준을 지키는 조직과 피고용인들의 복지에 주로 관심을 가지고 법적 요건을 기준점으로 삼아 조직 내에서 보다 높은 기준을 정하는 좋은 고용주 사이에는 차이가 있다.

법적 요건에 관계없이 좋은 고용주는 피고용인들의 건강과 안전에 대해 관심을 가지며 건강하고 안전한 작업 조건을 제공하고 유지한다. 고용주는 또한 그 목표를 달성하는데 모든 직원들의 적극적인 참여를 추구한다.

> 좋은 고용주는 피고용인들의 건강과 안전을 돌본다.

건강과 안전에 관한 정책의 목적은 다음과 같다.

- 관련 법률과 기타 관련 규정 및 승인된 규약 상의 요건을 완전히 충족시키는 건강, 안전 및 복지 기준을 달성한다.
- 필요한 경우 개인용 보호 의류와 기구를 지급하는 것을 포함해서 조직 구성원들에게 건강하고 안전한 작업환경을 확립하고 유지한다.
- 조직 구성원들에게 건강하고 안전하게 작업하는데 필요한 정보를 제공하고 지도와 훈련 및 감독을 행한다.

- 조직 구내에서의 활동에 영향을 받는 방문객, 계약자 및 기타 피고용인이 아닌 사람들의 건강과 안전을 지킨다.
- 모든 등급에서 건강과 안전에 대한 인식과 책임감을 개발한다.

작업장의 환경, 기자재의 작동 또는 작업 방법으로 인해 야기되는 건강과 안전의 위험을 측정하고 줄이는 것은 관리자와 직원 모두의 책임이다. 동시에 위험과 예방비용 간에 균형이 이루어져야 한다.

건강과 안전은 몇 가지 주요 분야에서의 확립된 절차와 관행을 통해 스스로 보장될 것이다.

작업 중의 사고

사고가 일어나는 경우 응급처치 훈련을 받은 동료들이 즉각적으로 도움을 줄 수 있어야 한다. 응급처치인력의 명단, 전화번호와 사무실 호수를 게시판, 모든 화장실과 출입구에 눈에 잘 띄게 게시해야 한다. 응급처치 자원봉사자는 적절한 훈련을 받아야 한다.

그리고 작업 중 사고나 부상을 당한 직원은 모든 사고나 사건을 기록하는 사고기록부에 상세히 기록하도록 지시해야 한다. 이 기록부는, 예를 들어서 사고로 인해 나중에 일을 할 수 없게 되거나 장애자가 되어 해당되는 상해 보상을 신청하기를 원하는 경우처럼, 개인의 이익을 보호하는데 중요한 요건이 될 수 있다.

사무직 근로자가 당할 수 있는 모든 통상적 위험(건물 유지 부실, 잘못된 기자재, 결함이 있는 전기설비 등) 이외에 기록관리 직원은 무거운 물건을 들거나, 높은 서가에서 문서를 꺼내거나, 먼지와 곰팡이 흡입과 피부접촉으로 인한, 그리고 보존(preservation)과 수리복원(conservation) 담당 직원이라면 칼, 작두, 압형기, 화학약품 사용으로 인한 부상의 위험이 있다.

사고 위험을 줄이기 위해서는 다음과 같이 안전한 작업 관행을 알고 실천해야 한다.

- 수행할 과업을 평가한다.
- 관련된 위험을 확인한다.
- 안전한 방법을 규정한다.
- 적절한 보호용 의류를 제공한다.
- 건강과 안전 수칙을 준수하게 한다.
- 정기적으로 시스템을 모니터한다.

> *기록관리환경에서의 위험에 관한 더 많은 정보를 얻으려면 『기록물 보존』(Preserving Records)과 『기록관리 비상계획』 (Emergency Planning for Records and Archives Services)을 보라.*

작업장에서의 흡연

화재 위험성 때문에 영구기록을 보존, 취급, 참조, 전시하는 기록관리기관(archival institution)은 전 지역에서 흡연이 금지되어야 한다. 현용기록과 준현용기록을 활용하면서 업무를 수행하는 처리과 직원들에게까지 금연을 확대하기는 힘들더라도, 자료관의 보관구역(storage area)과 각 기관의 파일보관구역(agency file stores) 내에서도 마찬가지로 금연이 강제되어야 한다.

많은 조직들은 현재 모든 직원들의 건강을 위해서 작업장에서의 흡연을 금지하고 있다. 이것은 모든 사무실, 복도, 로비, 회의실, 도서실, 엘리베이터 또는 화장실에서 직원의 흡연이 허락되지 않는다는 것을 의미한다. 이런 환경에서는 특정한 방이나 구역을 흡연자용으로 지정할 수 있다.

문제되는 음주

개인의 음주 습관은 그것이 동료들에게 물리적 또는 사회적 위해를 끼치거나 어떤 형태로든 도움이나 그 밖의 조치가 필요할 정도로 업무에 영향을 미칠 경우에만 고용주의 관심거리가 되는 것이 보통이다.

문제되는 음주에 대한 조직의 접근법은 그것을 모든 다른 질병들처럼 도움과 치료가 필요한 것으로 다루어야 하는 것이다. 관리자는 자신들의 문제를 통제하고 재활을 돕기 위한 여러 조치들에 전적으로 협조할 준비가 되어 있는 사람들에게 도움을 줄 수 있어야 할 것이다.

그러나 도움과 지원을 제공한다고 해서 반드시 업무나 품행이 기준에 미치지 못하는 경우에 정상적인 징계절차를 적용하는 것을 배제하는 것은 아니다.

약물오용

자신이 약물 문제가 있다고 생각하는 직원은 최대한 빨리 자발적으로 도움을 구하도록 격려되어야 한다.

업무에 영향을 주는 약물 문제를 가진 조직구성원은 누구든 상담과 정보를 제공받아야 하며 필요하다면 치료를 받아야 한다. 그러나 완강하게 도움을 거절하거나 치료프로그램 이수를 거절하고 그것이 업무성과 저하로 반영된다면 징계를 고려해야 할 것이다.

> 흡연 음주 및 약물 복용은 피고용인의 업무에 영향을 끼치는 경우
> 조직의 문제가 될 수 있는 개인적 문제이다.

고용평등

전 세계적으로 점점 더 많은 나라들이 인권 문제의 일부로서 고용평등법을 발효시키고 있다. 이 법은 모든 사람들에게 능력, 자격 및 적성에 따른 고용과 승진 기회의 평등성을 보장해준다. 이 법은 성별, 결혼상태, 나이, 피부색, 민족이나 국적, 신체장애, 종교 또는 성적 지향성에 따른 차별을 금지한다.

고용평등법이 없는 국가라 하더라도, 많은 진보적 조직들은 모든 사람에 대한 고용평등 정책을 취하고 있다. 고용평등 정책은 관리자가 가장 적절한 사람을 모집, 개발, 유지할 수 있는 것을 보장하도록 도와줌으로써 조직효율성의 개선 면에서 편익을 가져온다. 그런 조직 에서는 모든 관리자와 직원들이 조직의 고용평등에 대한 정책을 이해해야 하고, 모집, 훈련과 개발, 전보, 승진과 징계 등 모든 인사관리에서 이를 지킨다는 것을 보장해야 한다.

어떤 조직들은 고용평등을 장려하는 것이 단순히 차별 철폐 이상임을 인식하고 있다. 이들 조직은 모든 개인들이 자신의 잠재력을 충분히 개발하고 차별과 괴롭힘 없는 환경에서 일할 수 있도록 하는 적극적 행동을 약속하고 있다.

[연습 4]

당신이 속한 조직에는 고용평등 정책이 있는가? 만약 있다면, 그 정책이 무엇에 적용되며 어떻게 시행되는지 설명하라. 만약 없다면, 그런 정책이 개발되어야 한다고 생각하는지 여부와 그 이유에 대해 간단히 쓰라.

내부 커뮤니케이션

조직 내에서 적절한 커뮤니케이션이 부족한 것은 끊임없는 논제가 될 수 있다. 그러한 비판은 신중하게 받아들일 필요가 있으며 큰 변화를 주어야 할 것이다.

흔히 다음의 일반적 주장 가운데 한 가지 이상과 관련해서 비판이 제기된다.

- 관리자가 충분히, 정기적으로 또는 공개적으로 커뮤니케이션을 하지 않는다.
- 고위관리자를 보거나 접촉하기 어렵다.
- 가끔 열리는 고위관리자와의 공개회의의 공식성은 자유로운 의견교환에 도움이 되지 않는다.
- 내부 커뮤니케이션도구의 질과 빈도가 다양하며 재검토와 개선이 이루어지지 않는다.

- 사무실 명부가 이용하기에 불편하며 낡은 정보이기 십상이다.

이런 인식의 진위를 시험하는 한 가지 방법은 커뮤니케이션에 관한 조사를 수행하는 것이다. 특히 조사가 외부 팀에 의해 이루어진다면 이를 통해 문제점을 새롭게 통찰할 수 있을 것이다. 반면에 조사를 수행하는데 비용과 시간이 들 것이다. 조사를 수행하기로 결정하기 전에 그 장점과 단점을 매우 신중하게 비교해보아야 한다.

여러 조직에서 수집한 증거에 의하면 직원들은 주요 커뮤니케이션 채널의 특성으로서 다음과 같은 것을 선호한다.

- 관리자와의 직접 대면
- 정기적인 것
- 과업지향적이지만 보다 거시적 시각을 제시해 줄 수 있는 것
- 관리자가 아래로부터 올라온 의견을 위에 보고하는 쌍방향적 채널

> 정기적 의견교환과 원활한 피드백이 효율적
> 커뮤니케이션에서 중요하다.

위와 같은 요구를 만족시키는 성공적 커뮤니케이션 전략을 집행하는 방법과 정책은 조직마다 다양하다. 어떤 조직에서는 고위관리자로부터의 메시지를 분명하게 전달하기 위해서 팀 브리핑을 열어 커뮤니케이션을 잘 하는 사람을 지명해 회의를 주재하도록 한다. 여기서는 피드백을 보장하는 것이 필수적 요소이다. 또 어떤 조직에서는 정규적 관리 틀 내에서 브리핑이나 회의를 열어 계선관리자가 상향 피드백을 한다.

또 하나 가능한 것은 고위관리자나 이사회 수준에서 열린 회의록 같은 내부 문서를 출판하는 것이다. 경우에 따라서는 개인 비밀 보장을 위해 이런 회의록을 약간 편집해야 하기도 하지만, 그것이 직원들에게 고위관리자들이 생각하는 방식과 앞으로 조직이 나아갈 방향을 알린다는 근본적인 목적을 훼손시켜서는 안 된다.

정보를 알리는 보편적인 방법은 공지(office notice)이지만 그것의 명확성을 높이려면 다음 사항을 고려하는 것이 중요하다.

- 시간 : 공지는 신속히 회람시킴으로써 왜곡된 소문이 돌지 않도록 한다.
- 언어 : 사용되는 언어는 대상을 반영해야 하며 상위직에만 맞추지 말아야 한다.
- 배경 : 해당 주제에 대한 기본적 배경지식이 잘못 추정될 수도 있다.

컴퓨터화 정도가 높은 조직에서는 내부 전자우편, 전자게시판, 리스트서브(listserv) 등을 고려할만하다. 컴퓨터 네트워크를 이용함으로써 이용자들은 공지가 회람될 때까지 기다리지 않고 전자적으로 볼 수 있게 된다.

> *고위관리자와 고객에 대한 보다 넓은 관점에서의 커뮤니케이션은 『기록관리의 전략계획』(Strategic Planning for Records and Archives Services)에서 더 상세히 다룬다.*

[연습 5]

당신이 속한 조직에서는 고위관리자가 직원에게 어떻게 정보를 전달하는가? 프로젝트, 정책, 조직의 방향성 등에 관한 회의나 공개토론을 위한 어떤 규정이 있는가?

커뮤니케이션 시스템에 대해 간략히 기술한 후, 커뮤니케이션을 개선시킬 목적으로 그 시스템을 바꾸려고 취할 수 있는 두세 가지 활동을 설명하라.

요약

제1과에서는 다음 사항이 다루어졌다.

- 전략적 활동으로서의 인적자원계획
- 등급설정 문제를 보조하는 관리도구로서의 직무평가, 등급설정 지침, 직급명세서
- 공석을 충원할 때 명심해야 할 요소
- 시보임용의 목적
- 신입직원 연수의 주요 요소
- 노동조합의 중요성
- 건강과 안전 정책의 주요 목적
- 고용평등을 실천하는 고용주의 특징
- 바람직한 커뮤니케이션의 필수 요소

학습문제

1. 인적자원계획의 개념을 설명하라.

2. 조직도표란 무엇인가?

3. 등급설정을 정의하라.

4. 어떤 직위에 대한 등급설정을 할 때 적용되는 기준은 무엇인가?

5. 통솔의 범위의 개념을 설명하라.

6. 등급설정이 일관되지 못할 때 야기되는 문제점 네 가지를 설명하라.

7. 조직에서 공석을 충원하는 세 가지 방법을 설명하라.

8. 공석 충원 계획을 세울 때 관리자가 고려해야 할 네 가지 사항을 설명하라.

9. 파견을 정의하라.

10. 특정 자격을 구별하는 세 가지 영역을 지적하라.

11. 직급명세서의 개념을 정의하라.

12. 모집일정표를 개발하는 것의 이점 세 가지를 지적하라.

13. 어떤 직위에 지원자를 모집하는 바람직한 과정을 개략적으로 설명하라.

14. 선발 면접 실시의 바람직한 절차를 설명하라.

15. 면접기록을 보관해야 하는 이유는 무엇인가?

16. 임용통지서에 포함되어야 하는 정보는 무엇인가?

17. 시보임용의 목적은 무엇인가?

18. 신입직원 연수과정의 목표는 무엇인가?

19. 신입직원 연수과정 중에 따라야 할 절차는 무엇인가?

20. 노사관계의 범위 내에 통상적으로 포함되는 문제는 무엇인가?

21. 건강 및 안전 정책의 목표 네 가지를 기술하라.

22. 작업장에서 사고의 위험을 줄이기 위해 취할 수 있는 다섯 가지 활동을 설명하라.

23. 고용평등의 개념을 설명하라.

24. 조직 내부 커뮤니케이션 시스템에서 발생할 수 있는 문제점들은 무엇인가?

25. 커뮤니케이션 채널 네 가지를 설명하라.

연습 : 조언

연습 1-5

이 연습문제들은 각각 이 과에서 제시된 정보와 당신이 속한 조직에서 실제로 사용하는 방법을 비교하는 것을 도와주려는 의도를 갖고 있다. '정답'이나 '오답'은 없으며, 자신이 이러한 문제를 깊이 있게 조사하거나 또는 구체적인 개혁 제안을 할 수 있는 위치에 있지 않을지도 모른다. 그러나 이러한 연습을 통해서 인적자원관리에 관해 가능한 한 많이 배우고 만약 자신이 해당 관리직위에 있다면 이러한 문제들을 어떻게 처리할 것이지를 생각해야 한다.

인적자원관리 II : 직원개발

제2과는 제1과에 이어서 인적자원의 효과적 관리에 관한 문제를 소개하고 설명하며, 특히 직원의 잠재력 개발을 다룬다.

직무에 적합한 사람을 조직에 채용하고 바람직한 고용인/피고용인 관행을 도입함으로써 그(녀)의 동기부여를 유지하고 있다면, 조직으로서는 계속해서 그 개인의 잠재력을 개발해야 하는 것이 중요하다. 이것은 조직의 피고용인들에 대한 지속적 관심을 보여준다.

직원훈련과 개발은 고용인과 피고용인 모두에게 편익을 준다. 고용인에게 생기는 결과는 조직에 신뢰를 가져오는 더욱 성숙되고 보다 좋은 자격을 갖춘 피고용인이다. 피고용인은 직무관련 기술과 관리 기술이 증진될 뿐만 아니라 그 과정에서 자신이 조직에서 높이 평가받는 것을 알게 된다. 이것은 직원의 동기부여와 자기가치화(self-worth) 증진에 많은 도움이 될 수 있다.

다른 방안은 사람에 투자하지 않는 것이다. 그 결과 직원들은 단조로운 생활을 하게 되어 내성적이고 지루해질 수 있다. 산출이 눈에 띄게 감소하고 조직에 환멸을 느껴 사직할 가능성도 있다. 이런 일이 일어날 때마다 고용인에게는 투자 상 손해가 되는 것이며 당연히 조직을 떠난 사람의 일을 대체하기 위해 재정적 투자를 더해야 함을 뜻한다.

이 과에서는 다음과 같이 개인의 흥미를 유지하고 새로운 도전의식을 창조하는 방법을 제안할 것이다.

- 훈련, 팀 빌딩(team building), 후임계획수립(succession planning) 등 노사간 바람직한 관행을 통한 직원개발
- 성과측정을 비롯해서 직원의 성취도 향상을 돕도록 설계된 일련의 방법을 통해 사람에 투자함으로써 직원을 최대한 이용

1. 훈련과 개발

조직으로서는 조직이 훈련과 개발에 관여한다는 것을 과시하는 것이 중요하다. 조직이 이 문제에 관심을 둔다는 점을 피고용인들에게 분명히 전해주는 것은 훈련에 관한 정책서이다. 서부 아프리카의 한 정부에서 만든 정책서는 다음과 같이 시작한다.

> 정부는 모든 피고용인들이 그들의 성과를 개선시킬 잠재력이 있다는 점과 훈련이 산출의 성격과 질에 중요한 공헌을 한다는 점을 인정한다. 따라서 정부는 합의된 계획 훈련 프로그램을 위한 기금 마련에 노력한다.

마지막 문장의 표현은 중요하다. 훈련은 개인과 그(녀)의 관리자 사이에 합의되어야 하는데, 매년 실시하는 직원 근무성적 통보(staff reporting) 과정의 일부로 이루어지는 것이 보통이다. 훈련 역시 계획되어야 한다. 이 계획의 목적은 비용효과적 방법으로 직원의 진정한 훈련 욕구를 충족시키려는 것이어야 한다. 그러므로 훈련계획 수립의 첫 단계는 훈련수요분석 (training needs analysis) 형태가 되어야 한다.

> *훈련은 반드시 계획되어야 하며 피고용인뿐만 아니라*
> *조직의 요구를 충족시켜야 한다.*

'훈련수요분석'이 뜻하는 바에 대한 정확한 정의는 없다. 실제적으로 이것은 고도로 구조화된 데이터 수집과 분석 실시에서부터 직원의 일에 관한 관리자와의 비공식적 논의에 이르기까지 어떤 것도 될 수 있다. 어떤 접근법을 따르든 그 목적은 직원의 훈련 욕구에 관한 명백하고 정확한 정보를 얻는 것이다.

아래에서 생각해 본 시스템은 일반적인 훈련 욕구의 분석을 용이하게 할 것이다. 이것은 두 가지 가정에 근거를 두고 있다.

1. 일정한 날짜까지 훈련계획을 제출해야 할 필요성에 의해 주어지는 시간제한이 있을 것이다.
2. 대부분의 고위관리자는 훈련에 대해 생각하는 경우가 거의 없으며 이 주제에 관해 의견 표명을 하는 것을 쉽다고 생각하지 않는다.

간략한 표준양식과 그 작성법에 관한 지침을 이용해서 간단한 시스템을 개발하는 것이 효율적이다. 고위관리자가 자신의 통솔 하에 있는 직원들을 위해 그런 양식을 작성하는 책임을 맡아야 한다. 중간 계선관리자가 원한다면 고위관리자가 그 책임을 중간관리자에게 위임할 수 있지만 고위관리자는 반드시 이 일에 대한 전반적 책임을 유지해야 한다.

훈련계획

이들 양식에서 밝혀진 훈련 요구조건들은 훈련자원에 대비해 훈련수요를 연결해 주는 훈련계획으로 요약된다. 일반적으로 사무직, 비서직 및 행정직군에 대한 훈련은 중앙에서 조정하고 자금지원을 하며 대부분의 관리자와 감독자 훈련 역시 마찬가지이다. 그러나 기록관리직군에 대한 전문직 훈련의 조정은 기록관리기관의 기능 중 하나가 될 것이다. 훈련수요 분석에 따라 어떤 직급에 대해서든 또 다른 전문화된 훈련이 제안될 수 있다.

훈련계획은 중앙의 훈련예산, 기록직급을 위한 전문직 훈련예산과 기관의 자체예산으로부터 자금을 확보하려는 노력을 나타낸다. 모든 훈련신청에 대해서는 수강료, 식대와 숙박료, 여비, 도서비, 훈련재료비와 수험료 등의 항목을 고려해서 가능한 한 정확하게(과정의 비용이 다른 예산에서 충족되는 경우일지라도) 비용 산정이 되어야 한다.

일부 훈련신청에 대해서는 특히 지원기관으로부터 이미 재원이 마련되어 있을 수 있다. 훈련계획을 위한 신청서에는 조직의 훈련수요에 관한 완전한 개관을 하고 장기 계획을 세우는 것을 돕기 위해 재원에 관한 정보가 포함되어야 한다.

실시에 대한 조정은 보통 기관의 훈련담당관이나 인사담당관이 맡게 되며 그들은 훈련계획을 제안하고, 제안에 대한 반응에 따라 계획을 수정하고, 적절한 시기에 고위관리자와 계선관리자 및 관련 당사자들에게 얼마나 많은 훈련계획이 승인되었고 어떤 변동이 이루어졌는가를 알려주는 책임을 가진다.

> *공식적 훈련계획으로 인해 조직이 훈련수요에 대한*
> *예산을 세울 수 있다.*

자기개발

위에서 생각해 본 기관훈련계획은 훈련과 개발에 대한 중앙집중적 접근법을 대표한다. 그러나 상당수의 진보적인 조직들은 중앙에서 정하고 실행하는 훈련이라는 개념에서 급속히 벗어나 개인이 제안하고 계선관리자의 지원을 받는 일종의 자기개발을 지향하고 있다.

전통적으로 훈련이란 훈련과정에 참석하는 것으로 해석되어 왔지만 이제는 예컨대 지도 받는 독서를 위한 휴식(time out for directed reading), 원격교육(distance education), 조언을 받는 학습(mentored studies)이나 프로젝트기반 연구(project-based research) 등 대안적 학습시스템으로 대체되기 시작하고 있다. 기술훈련에 대한 수요는 계속해서 있을 것이며, 그 점에 대해서는 아래에서 보다 자세하게 다루고 있다. 그러나 지금의 추세는 직원들을 격려해서 그들이 자신의 경력개발을 책임질 뿐 아니라 자신의 목표 달성을 돕는데 필요한 하부구조를 인지하도록 하는 것이다.

개인에게 더 많은 책임을 지우도록 설계된 훈련정책은 전통적인 중앙집중적 접근법과 다를 것이다. 훈련계획은 기관 차원보다는 부서 차원일 것이며 다음 요소들을 포함할 것이다.

- 개인적 개발을 정의하기
- 개인적 개발을 조직이 투자를 통해 달성하려고 노력하는 것에 관련시키기
- 개인의 목적과 목표를 조직의 인적자원전략과 관련시키기
- 전통적 훈련에서는 특정한 요구에 해당될 때에만(예컨대 신규채용 직원이나 임대 직원을 위한 신입직원 연수) 이용되는 업무와 작업장을 개발 활동의 주요 통로로 삼기
- 개발활동의 초점을 공식적 자격보다는 능력의 성취에 맞추기
- 직원들을 구체적인 직무요건에 연계시킴으로써 직원의 자격을 활용하기
- 매년 일정 기간을 개인적 개발에 할당하기
- 자신의 개인적 개발목표 달성에 대한 개인의 책임을 명시하기
- 훈련과 직원개발에 대한 관리자의 역할과 책임을 명시하기
- 고위관리자가 개인개발을 위해 조직이 투자하는 것의 편익을 공식적으로 평가할 필요성을 인정하기

이렇게 강조점이 변화하는 것에 비추어 조직 내에서 새로운 범위의 인적자원 서비스와 기술을 개발할 필요가 있다. 그러한 서비스에는 다음과 같은 것이 포함된다.

- 관리자들과 직원들이 개인적 개발 목표를 세우고 달성하는 것을 도와주는 정보 집합체(a store of information)의 개발
- 개인과 그 관리자에 대한 충고와 안내 제공
- 세미나, 멘토링 등 범 부서적 활동의 지원

요약하면, 주로 자격의 성취에 초점을 두고 업무관련 활동에 의해 충족되는 개인의 개발

을 새로이 강조할 필요가 있다. 관리자의 역할과 책임을 명확하게 하면서 책임이 개인에게 로 옮겨져야 한다는 일반적 인식이 있다. 이는 다른 부문에서의 모범사례와 일치한다.

> *자기개발은 자신의 훈련과 전문직적 개발 요구를 인지할*
> *책임을 개인에게 더 많이 전가한다.*

전문직적 개발

기록관리 직원은 스스로를 단순히 특수한 기록직급의 구성원이 아니라 별개의 전문직 구 성원으로 생각해야 한다. 이런 전문직적 정체성으로 인해 기회와 책임성이 생긴다.

전문직 구성원으로서 기록관리 직원은 정부로부터 독립적이고 자체적으로 선출된 임원진 에 의해 운영되며 공공부문 및 민간부문 모두에게 회원자격이 개방된 자신들의 전문직 협회 를 설립할 수 있어야 한다. 규모가 작은 국가나 기록관리가 아직 전문직으로서 확립되지 않은 국가에서는 첫 단계로 관련 전문직 단체(예컨대 사서단체나 정보전문가단체) 내에 전 문가 소그룹을 설립할 수도 있지만 최종 목표는 별개의 협회가 되어야 한다.

> *기록관리직원은 가능한 한 전문직 협회를 설립하거나*
> *전문직 협회에 가입해야 한다.*

이러한 전문직 협회는 다음 활동들을 통해 기록관리운동을 진전시켜야 한다.

- 컨퍼런스, 강좌 등의 회합을 통해 전문직의 경험을 교환하는 장을 제공한다.
- 워크숍, 세미나, 현직훈련코스 형태로 훈련을 장려한다.
- 기록관리 업무의 질을 개선하기 위해 전문직의 기준을 개발한다.
- 학술지, 팜플렛, 도서 등의 인쇄출판물과 시청각출판물을 준비해서 전문직적 모범사례 를 배포한다.
- 국제기록평의회(International Council on Archives) 및 해당 지역분회의 활동에 가입하고 참여함으로써 그 활동에 국제성을 부여한다.

전문직 개발의 기회에는 전문직의 책임이 따른다. 여기에는 다음 사항에 관한 전문직의 행동 기준을 규정한 전문직 품행이나 윤리 규정의 준수가 포함된다.

- 전문직 구성원들이 책임을 맡은 기록과 영구기록

- 자신들의 고용주들
- 일반 국민
- 동료 전문직들

[연습 6]

　자신이 속한 조직에서 제공되거나 허용되는 여러 가지 형태의 훈련을 기술하라. 공식적 훈련프로그램이 있는가? 자기개발 기회는? 전문직 개발 활동은?
　자신이 속한 조직에서 훈련프로그램의 범위와 종류를 늘리기 위해 취할 수 있는 행동 두세 가지를 기술하라.

---

2. 인적자원의 최대 활용

　지금까지 조직 내 인적자원관리에 관한 논의는 대부분 인적자원의 가치에 관한 관리자의 인식과 조직에 대한 헌신을 유지하고 지속적 동기부여를 위해 필요한 사람에 대한 투자에 초점을 맞추어 왔다. 그러나 조직은 그 노동력이 비용효과적임을 확신할 필요도 있다. 고위 관리자는 산출을 계측하기 위해서 노동력에 대한 측정 양식과 지원네트워크를 인지할 필요가 있다.

　이 장은 두 부분으로 나누어져 있다. 첫 부분은 성과측정과 그것을 달성하는 최선의 방법에 관한 것이다. 두 번째는 근로자는 사람이지 기계가 아니라는 점을 인정하는 것이다. 근로자가 계속해서 더 많이 성취하는 것을 도와주기 위해서 필요한 그 밖의 조치들에 대해서 기술한다. 그 결과는 산출 측면에서 조직에게 편익을 줄 뿐만 아니라 성취와 직무만족이라는 측면에서 개인에게도 편익을 주는 것이어야 한다.

직원근무성적 통보와 평가

　영연방에 속한 국가들을 보면, 과거 식민통치로부터 물려받은 연례 직원 근무성적표(annual staff reports) 제도를 파기한 국가들도 있고 독립 이후에도 그대로 유지하고 있는 국가들도 있다. 따라서 주제에 대한 '모범사례' 접근법을 취하는 이 장이 모국의 상황을 정확하게 반영하지 않을지도 모른다. 그렇지만 여기서 논의되는 원칙들은, 비록 관리자와 직원간의 비공식적 관계에만 해당된다 하더라도, 어떤 근로상황에서도 적용될 수 있다.

직원 근무성적 통보와 평가의 목적은 직원에게 직무상의 성과를, 그 강점과 약점을 모두 포함해서 피드백해 주는 것이다. 연례 직원 근무성적표는 인사관리 과정의 핵심 도구이다. 훈련과 개발의 필요성을 깨닫도록 도와주고 임금인상과 승진을 추천하기도 한다. 성적표는 해마다 모든 직원에 대해 작성되어야 한다.

> *직원 근무성적 통보는 관리자와 직원 모두에게 업무성과와*
> *업무관계를 개선할 수 있게 해준다.*

공공행정 부문에서 근무성적 통보와 평가에 사용되는 방법들은 끊임없이 재검토되고 개정되어 왔다. 그렇지만 검토과정 상의 주요 요소는 대체로 다음과 같다.

- 자기평가 요소
- 토론 중에 초점을 분명하게 해주는 목표 설정
- 공개성
- 조직의 업무계획수립 과정과의 관계
- 더 나은 훈련과 개발 계획수립
- 비구조화된 보고서보다는 합의된 양식의 이용
- 유형이 서로 다른 직원들의 필요에 따라 변용할 수 있는 양식
- 특정 그룹 과업(group-specific tasks)의 성과에 대해 논평할 기회
- 상시적인 비공식적 검토
- 정기적 검토 결과에 대한 비공식적 기록
- 직무기술서와 개발 요구가 정기적으로 검토되는 것을 보장해 주는 융통성 있는 과정
- 자격의 도입

직무계획서(Job Plan)

직원의 성과에 대한 의미 있는 성적표와 평가가 만들어질 수 있기 위해서는 먼저 관리자와 직원 모두 직원 각자가 해야 할 일이 무엇인가를 정확하게 알 필요가 있다. 따라서 관리자는 직원들과 특히 차기 연도의 각자의 직무상 임무와 중점사항에 대해 구체적으로 밝히고 합의하는 것이 중요하다. 직원의 직무를 기록한 문서를 '직무계획서'라고 한다. 직무계획서는 통상적으로 직원과 그(녀)의 직속 상관간의 논의와 합의의 대상이 된다.

> ***직무계획서(Job plan)*** : 수행해야 할 직무의 내용을 적시하고 그 직무의 성과를 판단하는 기준을 설정한 문서로서 관리자와 직원간의 합의를 통해 작성된다. 'forward job plan'이라고도 한다.

직무계획서의 출발점은 직무기술서이지만 직무기술서 만으로는 충분하지 않다. 직무기술서는 전략적 계획의 임무, 사명 및 목적이라는 요소에 해당한다고 생각할 수 있을 것이다. 직무계획서가 효율적이 되려면 개인의 목표와 성과 척도에 대해서도 서술되어 있어야 한다.

직무계획서를 작성하고 모니터링할 때 취해야 할 절차는 다음과 같다.

- 직무를 구성하는 과업들의 성격을 절대로 명확히 할 것
- 일정계획을 확실하게 하고 차질이 용인되면 어떻게 할지를 확실하게 할 것
- 과업들이 구성요소들로 나누어질 수 있는지 여부를 확실하게 할 것
- 그 구성요소들이 서로 다른 사람들에게 배당될 수 있는지 여부를 확실하게 할 것. 만약 가능하다면, 이 기준에 따라 배정하도록 하고, 관련된 사람 각각의 책임을 분명히 할 것
- 필요한 통제시스템을 확인하고 확립함으로써 모니터링과 피드백 목적으로 중요 데이터를 이용할 수 있게 할 것
- 평가 기준을 확립하고 일이 잘못되는 경우 조기 경보시스템을 갖출 것(중요한 사안인 경우에는 고위관리자에게 알린다)
- 필요하다면 중도에 개입하여 수정할 수 있는 가능을 가진 활동 개요화의 수단을 확립할 것
- 주변 활동들에 대해 때때로 점검할 것
- 미리 계획하고 변경 여지를 남기지 말 것
- 임의조사(spot checks) 체제를 확립하고 통제할 것. 저조한 성과에 대한 변명을 용인하지 말 것
- 성과가 좋은 경우에는 격려하고 그에 대한 보상을 추구하되, 성과가 나쁜 경우에 대해서는 엄격할 것

> 직무계획서는 피고용인에게 기대되는 성과를 공식화하는데 도움이 되며, 그녀가 업무 프로그램에 공헌할 기회를 준다.

개인적 목표

개인적 목표는 대체로 다음 세 가지 항목에 해당한다.

1. 직무 목표 (즉, 당사자 자체 직무의 성과에 관련된 것)
2. 관리 목표 (즉, 당사자가 관리하고 있는 부서에 관련된 것)
3. 개발 목표 (즉, 개인적 개발에 관련된 것)

개인적 목표는 조직의 보다 광범위한 목표와 모순되지 않아야 하며, 그와 마찬가지로 다음 조건을 갖추어야 한다.

- 구체적일 것
- 객관적일 것
- 수적으로 제한적일 것
- 우선순위를 매길 것
- 수단이 아니라 목표일 것
- 도전적이되 달성 가능할 것
- 성과, 산출 및 비용효과성 면에서 측정 가능할 것
- 상시적으로 검토되고, 필요하면 수정될 것

성과 척도(performance measure)

> **성과 척도(Performance measure)** : 처리과정과 그 측정 단위의 표준적 정의에 기반을 둔 효과성의 지표. 'performance indicator' 또는 'target' 이라고도 한다.

성과 척도는 평가 과정에서 필수적인 부분이다. 특정 임무에 연관된 개인의 성과 척도는 합의된 개인적 목표에 포함되어야 한다.

성과 척도는 다음과 같은 점에서 유용하다.

- 상승 또는 하강 추세를 모니터링함으로써 문제를 초기에 확인할 수 있다.
- 기자재, 설비 또는 인력자원의 증가(또는 감소) 상황을 지원한다.
- 목표를 향한 진전을 평가하는 수단을 제공하고 목표 달성의 증거가 된다.
- 자원이 얼마나 잘 활용되는가를 보여준다.

- 계선관리자가 문제점 및 결과에 대해 알게 해준다.

성과 척도는 업무의 적시성, 효율성, 단위비용, 효과성, 직원활용, 작업처리량, 정확성과 품질 등을 포함하여 수많은 과정을 포괄할 수 있다. 일단 이런 정보가 수집되면 효율성을 나타내는 단순 비율 또는 성과 지표가 만들어질 수 있다. 예를 들면, 매일 등록되고 회람되는 통신문 건수에 대한 성과 지표가 마련될 수 있다.

성과 척도는 산출을 계산할 수 있는 분야뿐만 아니라 결과를 주관적으로 평가해야 하는 분야에도 적용될 수 있다. 예컨대, 하나의 영구기록 시리즈에 대한 배열과 기술을 완료하는 최종 기한을 정할 수 있다.

> 조직 차원에서의 성과 측정은 『기록관리의 전략계획』(Strategic Planning for Records and Archives Services)에서 다룬다.

개인의 성과를 측정하게 될 정확한 평가 시스템을 개발하기 위한 절차는 다음과 같다.
1. 정확한 평가의 가능성을 높이기 위해 관련되고 측정 가능한 목표를 설정한다.
2. 목표 설정, 검토 및 측정에 피고용인을 참여시킨다.
3. 측정의 정확성(accuracy)과 용인성(acceptance)을 개선시키기 위해 지속적으로 목표를 검토한다.
4. 관리자로서의 성과(performance)처럼 쉽게 정의될 수 없는 업적을 측정한다.
5. 엄격한 box ticking에서 벗어나 현실적인 타깃달성 범위를 지향함으로써 측정의 정확성을 증가시킨다.
6. 정확성에 대한 주관적 및 객관적 인식 모두에 대한 관련성을 인정한다.

연례 직원 근무성적표

> **직원 근무성적표(Staff report)** : 관리자가 부하 직원 개개인의 성과와 잠재력을 평가하는 공식화된 시스템의 일부로서 일정한 간격(보통 일년)을 두고 준비하는 문서

연례 직원 근무성적표는 통상적으로 직원의 직속 상급 계선관리자가 작성한 후 그 계선관리자의 계선관리자가 승인하게 된다.

이 보고서는 직원 개개인의 성과를 다음과 같은 측면에서 평가한다.

- 직무계획서에 설정되어 있는 목표
- 직무기술서에 설정되어 있는 자격
- 승진의 기준

성적표는 보통 네모 칸 안에 성적을 기록하는 표준 양식을 사용한다. 위에서 열거한 성과 영역들 각각에 대한 논평이 기록된다.

전통적으로, 연례 성적표는 비밀문서(그래서 보통 '연례 비밀 성적표'라는 제목을 사용한다)이다. 그렇지만 공개적 통보를 관리자가 직원의 업무 성과를 어떻게 인식하는지를 직원에게 정확히 알려주는 수단으로 보는 경향이 늘어나고 있다. 실제로, 일부 시스템에서는 자기 평가로 옮겨가고 있다. 공개적 통보는 효과적인 연례 평가 면담의 필수적 전제조건이다.

연례 평가(Annual Appraisal)

> **평가 면담(Appraisal interview)** : 계선관리자와 그(녀)의 부하직원간에 지난 일년간 직원의 성과에 대해 토론하고 차기 연도의 직무계획을 합의하기 위한 구조화된 면담. 'job appraisal interview' 또는 'job appraisal review'라고도 한다.

연례 직원 근무성적 통보와 평가 과정의 핵심은 평가 면담이다. 이 때 직원은 그(녀)의 계선관리자(또는 일부 시스템에서는 차상위급 관리자)와 공식적으로 회동할 기회를 가진다. 회동의 목적은 지난 일년간 그(녀)의 성과에 대해 토론하고 차기 연도의 목표와 성과 척도에 합의하는 것이다.

평가 면담을 통해 관리자는 직원이 받은 성과 점수(performance markings)를 설명하고, 업무를 잘 수행한 것에 대해서는 타당한 칭찬을 하고 잘 수행하지 못한 것에 대해서는 건설적 비판을 할 기회를 가지게 된다. 또 직원에게는 다음과 같은 기회가 된다.

- 목표를 달성하지 못한 이유를 설명한다.
- 다른 업무 분야나 다른(업무부담이 더하거나 덜한) 직무로 옮길 가능성을 타진한다.
- 훈련과 개인적 계발 요구를 논의한다.

그러나 중간에 큰 문제가 생긴다면, 그것을 가려내는 일을 평가 면담 때까지 미뤄두지 말아야 한다. 다음과 같은 목적에서 상시적인 점검이 정착되어야 한다.

- 잘 수행된 업무를 가려낸다.
- 환경이 변화하는 경우에 직무계획서를 수정한다.
- 문제가 커지기 전에 그것을 확인하고 해결을 시도한다.

이러한 점검은 정기적 평가 면담으로서 공식화할 수 있다.

평가 면담에 관해 간략하게 기록한 보고서는 면담의 양 당사자간에 합의되어야 하며, 연례 평가 면담의 최종 산출물은 일년 사이클을 다시 시작하는 새로운 직무계획서가 되어야 한다.

연례 평가 면담은 연중 상시적으로 이루어지는 점검으로 이어져야 한다.

[연습 7]

자신이 속한 조직에서 성과 측정을 위해 이용되는 처리과정을 설명하라. 공식적인 직무평가(job review)가 있는가? 얼마나 자주 하는가? 어떤 종류의 질문을 하는가? 피고용인이 참여할 수 있는 기회는 어떤 것이 있는가?

자신이 속한 조직에서 성과 측정의 과정을 개선하기 위해서 취할 수 있는 두세 가지 조치를 설명하라.

후임 계획(succession planning)

후임 계획이란 미래에, 아마도 2년에서 10년 내에, 일어날 수 있는 고위직 임용에 대비해서 후보자를 훈련시키는 기법이다. 이것은 조직 내 고위관리자로부터의 개인적 투입을 요구하는 자원집약적 활동이다. 따라서 이 기법은 통상 최고위직으로만 한정된다. 이것은 가용 인력풀이 제한되어 있고, 핵심 직원 한두 명의 유지 또는 원만한 대체가 조직의 생존 능력을 좌우할 수 있는 전문화된 기관에서 중요할 것이다.

후임 계획의 목적은 미래의 일정한 시점에 특정 고위직을 차지하게 될 특정 개인을 찾아내는 것이 아니라 후임자로 선택될 가능성이 있는 자격을 갖춘 소수의 후보자들을 훈련시키는 것이다. 예를 들어서, 기록관리기관 내에서 5년 안에 영구기록보존소의 부소장 직위를 충원할 목적이라면 머지않아 그 직위에 보직될 가능성이 있는 사람들을 최대 6명까지 가려낼 수 있을 것이다. 5년 동안 그 가운데 반 정도는 건강, 사임 또는 성과 저조 같은 사유로 고려 대상에서 제외되어 최종 단계에는 단 둘 또는 세 명으로 압축될 것이다.

> 후임계획은 미래에 공석이 될 수 있는 직위에 대한 가능성 있는 후보자들을 식별하게 해준다.

특정 직위에 몇 명의 가능성 있는 후임자들을 준비하려면 어떤 일을 해야 하는가? 첫째는 주요한 직위를 식별해 내고 나서 직무기술서를 검토하는 것이다. 이로부터 그 직위의 요구 조건을 만족시키는데 필요한 기술 체계(skill mix)가 추출될 수 있다.

다음에는 소수의 가능성 있는 후임자들이 드러나게 된다. 이들 중 한두 명은 현직자와 등급은 같지만 덜 중요한 직위에 있을 수도 있다. 그렇지만 그들이 더 젊을 것이며 그 사이에 해당 직위로 성장하게 될 것이다. 이들 후임 후보자들 중 일부는 이미 문제의 직위에 합당한 지식, 기술 및 경험을 골고루 그리고 널리 갖추고 있겠지만, 그들의 경력을 해당 직위의 직무기술서와 비교해보면 특정 지식, 기술 또는 경험이 부족한 부분이 드러날 것이다.

그 다음 나아갈 방향은 각 개인별로 그렇게 알아낸 약점들을 보강할 발전 계획을 세우는 것이다. 그런 필요성은 직무 배치(job postings)와 추가적 훈련이나 개발을 통해서 충족될 수 있다. 예컨대, 위에서 언급한 부소장의 경우에서, X씨는 전문적 지식, 기술 및 경험을 모두 갖추고 있지만 아직까지 그 직위에서 담당해야 할 인사관리 책임을 맡은 적이 없을 수가 있다. 5년 동안 X씨가 인사관리에 관한 공식적 훈련을 받도록 하고 그에게 인사에 대한 책임이 더 큰 직무를 부여하는 것이 타당하다. 그 부분에서 그의 성과를 평가하여 적절한 피드백을 주는 것이 중요함은 당연하다.

이론적으로는 이 과정이 매우 간단하지만 상당히 시간이 걸릴 수 있다. 이 활동 전체의 가치는 바쁜 고위관리자들로 하여금 가까운 미래에 발생할 가능성이 있는 상황에 대해 생각하고 그에 맞는 적극적 전략을 세우도록 함으로써 몇 년 후에 아무 준비 없이 그 상황에 대응하지 않도록 하는 것이다.

불행히도 후임 계획은 정밀한 과학이 아니어서 완전하게 예측할 수는 없다. 전적으로 예측하지 못한 상황들이 가장 잘 계획된 상황에 영향을 줄 수 있다. 그러므로 일부 조직에서는 장기적 후임에 대한 계획뿐만 아니라 단기적으로 현직에 어떤 치명적 일이 생겼을 때 긴급 후임자를 찾아내는 일을 하고 있다.

후임 계획에서 주요 요소는 다음과 같다.

- 고위관리자에게 미리 생각하는 훈련을 시킨다.
- 선택 대상이 되는 소수의 후보자를 식별해낸다.
- 지식, 기술 및 능력 면에서 부족한 점은 등급부여, 훈련과 개발을 조화시킴으로써 보충할 수 있음을 명확히 한다.
- 예측하지 못한 일에 대비한다.

팀 빌딩(team building)

단기적 목적이나 보다 장기적인 근본적 변동을 이루어내는데 인력 자원의 효과성을 최대화하기 위해 팀제를 활용하는 일이 많아지고 있다. 팀제는 정해진 시간 내에 조직의 구체적인 목표를 수행할 필요성에 따라 만들어지는 인적자원 전략이다.

팀에서는 전통적 조직구조의 관리자/부하 관계가 아니라 하나의 과업을 수행하기 위해 동반자 관계에서 함께 일하는 것을 강조한다. 업무는 등급부여의 계층제에 의해 수평적으로 나누어지기보다는 개인적 자격에 따라 수직적으로 분담된다. 효과적인 팀 구성에는 개방성, 열의와 상호 지원 같은 태도가 필요한데, 이 모두는 팀 구성원간에 상호신뢰 수준을 높여주려는 의도를 갖고 있다.

> *팀 빌딩은 인적자원을 최대화한다.*

팀 빌딩은 세 단계로 이루어진다. 첫째는 수행할 과업을 살펴보는 것, 둘째는 가용 인력을 살펴보는 것, 셋째는 그들을 짜맞추어 과업을 수행할 팀으로 만드는 것이다.

1단계 : 과업

- 과업을 그 구성 부분들로 나눈다(유형에 따라).
- 각 부분별로 기능을 정의하도록 한다.
- 이들 기능을 수행하는데 필요한 자격을 평가한다.
- 자격들을 열거하고 이들을 함께 그룹화 하도록 한다.

2단계 : 인력

누구를 팀에 합류시켜야 하는가를 생각하는 것은 이미 팀에 들어있는 사람들과 현재는 팀 밖에 있지만 합류할 수 있는 사람들을 모두 살펴보는 것이다. 사람을 선택하는 데는 다음과 같은 것이 포함된다.

- 각 개인의 구체적 강점과 약점을 평가한다.
- 첫 단계에서 확인된 기술을 참조하여 잠재적 팀 구성원을 찾아낸다.
- 누가 가장 적절한 기술을 조화롭게 갖추고 있는지를 결정한다.

　팀이 성공하려면, 개개인의 강점들이 서로 보완해주는 균형 잡힌 팀이 되어야 한다. 개인적 약점은 그에 관련된 강점을 가진 다른 누군가가 팀 내에 있다면 용인되고 보상받을 수 있다.

　선택하는데 쓸 수 있는 시간과 수행할 임무의 성격에 따라서 이 단계에 일정한 정도의 복잡성이 개입될 수 있다. 예컨대, 평가센터는 팀 구성원이 될 가능성이 있는 사람들을 함께 불러 모아서 일련의 테스트와 연습을 거치게 함으로써 누가 함께 일할 최선의 자격을 갖추고 있는가를 알아내는 데 도움을 줄 수 있다.

　그러나 그런 과정은 시간과 비용 면에서 감당할 수 없는 사치가 될 수 있다. 잠재적 팀 구성원에 관해 알려진 정보와 동료 및 과거 계선관리자들로부터의 비공식적 자문, 그리고 관련 당사자들과의 대화에 기초해서 결정을 내려야 할 것이다.

　가용 인력 가운데서 필요한 기술들을 정확히 짜맞춘 팀이 구성되기를 기대하는 것은 지나친 것일 수 있다. 그 결과, 잠재적 팀 구성원들을 특정한 훈련과 개발 부문에 노출시킴으로써 추가적 기술을 구성할 필요가 있을 것이다.

　팀 구성원을 선정하고 난 다음 단계는 다음과 같다.

- 그들에게 역할을 부여하면서 그들로부터 기대되는 바의 개요를 설명한다.
- 구체적 타깃과 타깃 날짜를 배정한다.
- 그들의 개별적 성과를 모니터한다.
- 팀 성과의 효과성을 평가한다.

　그 다음에는 피드백을 주고 역할을 약간씩 재배정함으로써 더 조정할 필요가 있을 것이다. 관리 기획자 Meredith Belbin은 팀 내에 존재하는 역할과 각각의 기능들에 대한 설명을 발전시켜 왔다. 이를 요약하면 다음과 같다.'

- 의장(chair)은 전반적 목표에 대한 강력한 감각을 가지고 있으며 능숙하게 자원을 통제하고 조정한다.

- 구성자(shaper)는 강한 추진력과 위기감각을 가지고 있으며 기꺼이 부진한 진도에 도전한다.
- 플렌트(plant)는 수많은 아이디어(씨앗)를 흩뿌릴 능력을 가지고 있으며 팀의 창조력의 원천이다.
- 모니터/평가자(monitor/evaluator)는 대량의 정보를 분석적, 객관적 방식으로 처리할 능력을 가지고 있다.
- 자원조사자(resource investigator)는 새로운 것을 찾아서 팀 범주를 벗어나 외부인들과 효과적으로 접촉할 능력을 가지고 있다.
- 단체 활동가(company worker)는 아이디어와 계획이 어떻게 실천되는지를 즉, 어떤 현실적 문제에 직면할 필요가 있는지를 예측할 수 있다.
- 팀 활동가(team worker)는 팀 정신을 촉진시키고 팀을 단결시키는 능력이 있다.
- 완성자(completer/finisher)는 완전무결성을 추진하면서 끝마무리를 하는 강력한 능력을 가지고 있다.

이들 팀 구성원 각각이 그(녀)의 능력 내에서 맡은 바 업무에 완전한 책임을 다할 것을 기대하기는 하지만, 그렇다고 해서 확고하고 명확한 전반적 리더십의 필요성이 배제되는 것은 아니다. 리더십은 흔히 의장에 의해 발휘된다.

[연습 8]

위에서 열거한 역할 가운데 어떤 역할이 업무환경 속에서 자신의 성격에 가장 잘 맞는가? 가장 잘 맞는 것부터 가장 맞지 않는 것까지 여덟 가지 역할의 순서를 매기라. 자신이 가장 잘 할 수 있다고 생각하는 기능을 완수할 기회가 업무 중에 주어졌었는지 생각해보라.

3단계 : 팀

과업을 성공적으로 완수하기 위해서는 팀 구성원들이 각자의 역할을 잘 수행해야 할뿐만 아니라 아이디어와 정보의 합동을 통해서 공동의 목표를 향해 협력해야 한다. 작업장에서 인사관리를 잘 수행함으로써 그 과정을 촉진시키는 것이 팀 리더의 역할이다. 특히 팀 구성원들이 각자 맡은 바 역할만 수행하는 것이 아니라 수행해야 할 과업에 대해 토론하고 과업 전반에 관련된 아이디어와 정보를 내놓도록 격려해야 한다.

아이디어와 정보의 공유는 정기적인 구조화된 팀 회의를 통해서 가장 잘 이루어질 수 있다. 그러한 회의를 조직하는데 대한 두 가지 제안은 다음과 같다.

5단계 회의 계획

5단계 회의 모형은 팀 회의가 팀의 권한과 일정표에 의거해서 달성해야 할 것을 반드시 달성하도록 하는데 도움이 될 것이다.

각 단계는 다음과 같다.

1. 회의의 목적을 확인한다. 이는 팀의 권한과 일정표에서 확인해야 한다.
2. 목적에 비추어서 회의에서 나와야 할 최종결과(산출물)를 모두 열거한다.
3. 기대되는 산출물을 만들어내는데 필요하게 될 절차상의 모든 단계를 열거한다. 또한 회의가 적절한 시간 내에 끝나기 위해 각 단계마다 어느 정도의 시간을 배정할 것이지를 확인한다.
4. 절차상의 각 단계를 완수하는데 필요한 기술, 지식 분야 및 기타 요건들을 열거한다. 만약 팀 구성원들이 각 단계를 완수하는데 필요한 기술 가운데 어느 부분이 취약하다면 회의 전에 또는 회의 도중에 '적시' 훈련(just in time(JIT) training)[6]을 실시한다.
5. 매 회의마다 마지막에 몇 분을 할애해서 팀이 얼마나 잘 했는지를 평가함으로써 피드백 과정을 계획한다.

매번 회의를 시작할 때마다 팀은 의장(facilitator), 서기(recorder)와 계시원(timekeeper) 역할을 할 사람들을 합의해서 지명해야 한다.

의장(전통적으로는 chair라고 칭함)의 역할은 다음과 같다.

- 팀의 토론이 주제 밖으로 나가지 않도록 한다.
- 모든 팀 구성원들을 존중하는 태도로 토론을 이끈다.
- 팀 구성원 각자가 자신의 견해를 표명할 기회를 공평하게 갖도록 보장한다.
- 다른 견해와 아이디어를 공유하는데 도움이 되는 회의 분위기를 만든다.

서기(전통적으로는 secretary라고 칭함)의 역할은 다음과 같다.

- 다른 팀 구성원들이 필기할 필요가 없도록 한다.

---

6) 필요한 사람이 필요한 장소에서 필요한 시간에 필요한 교육정보나 지식을 적시에 얻을 수 있게 하는 훈련 형태를 가리키는 말로서 전자적 방법에 의한 원격교육훈련에서 주로 사용된다(역자 주).

- 회의 종료 후 가능한 한 빨리 모든 팀 구성원들에게 의결사항을 담은 회의록을 배포한다.
- 다음 회의의 의사일정을 준비한다.

계시원의 역할은 다음과 같다.
- 팀 구성원 모두에게 의사일정에 올라있는 각 안건의 토의에 배정된 시간을 알려준다.
- 특정 안건을 토의하는데 소요된 시간이 의사일정상 그 안건에 배정된 시간을 초과하지 않도록 한다.
- 한 안건이 토의시간을 초과할 때는 팀 구성원들에게 가볍게 주의를 준다.

팀 구성원들도 팀 회의가 효과적이 되도록 하는데 중요한 역할을 한다. 그들은,
- 토의에서 각자의 의견, 지식과 경험을 내놓아야 한다.
- 상호 간에 참여하도록 격려해야 한다(예컨대, 침묵하는 구성원들에게 발언을 권유한다).
- 매 회의에 대해 준비해야 한다.
- 모든 팀 회의에 참석해야 한다.

팀 구성원들은 첫 번째 회의에서 팀의 운영규칙을 확정해야 한다. 팀의 운영규칙을 확정하는 목적은 팀 회의를 하는 동안 모든 구성원들이 완전히 편안한 기분으로 자신의 아이디어를 토론하고 의견을 개진하는 분위기를 만드는 것이다. 만약 그런 분위기가 조성되지 않는다면, 팀은 효과적으로 기능하지 못할 것이며 가치 있는 정보와 아이디어는 결코 나오지 않을 것이다.

팀의 운영규칙은 팀 구성원 모두의 공통적 가치와 행동 규범을 반영해야 한다. 이것을 팀의 회의장소에 게시해서 이런 가치와 규범을 늘 환기시키는 것은 좋은 생각이다. 규칙에는 다음과 같은 팀 구성원들의 합의사항이 포함될 수 있다.

- 회의에 지각하지 않는다.
- 회의가 끝나기 전에 나가야 한다면 회의 전에 의장에게 알린다.
- 토의가 주제를 벗어나지 않도록 한다.
- 항의하는 듯한 어조를 지양하며 대안적 방법이나 개념을 제안한다.
- 모든 참여자를 존중하고 격려하도록 한다.
- 객관성을 유지한다.
- 자신이 말하기 전에 타인의 발언이 끝날 때까지 기다린다.
- 의사결정은 합의에 의해 한다.

브레인스토밍(*Brainstorming*)

브레인스토밍은 5단계 회의 계획의 변형으로서, 예컨대 팀의 권한을 확립하고 기대되는 산출을 정하거나 혹은 예상치 못했던 난관에 부딪친 경우에, 팀 구성원들이 논의에 참여하여 새롭고 창조적인 아이디어를 내놓도록 자극하는데 특히 효과적일 수 있다. 브레인스토밍은 가능한 한 단시간 내에 가능한 한 많은 아이디어를 내놓을 수 있도록 팀을 도와준다.

브레인스토밍은 다음 두 가지 방법으로 수행될 수 있다.

1. 구조화된 방법. 팀의 모든 구성원들이 돌아가면서 토론 중인 논제에 관한 자신의 아이디어를 표현한다(부끄러움을 타는 사람들에게는 불편할 수 있으며, 팀 구성원들이 똑같은 아이디어를 반복하면 지루할 수 있음을 명심해야 한다).
2. 비구조화된 방법. 구성원들은 토론 중인 논제에 관해 아이디어가 떠오르는대로 표현한다(이 방법을 사용하는 경우, 회의의 의장은 가장 발언을 많이 하는 구성원들에 의해 팀이 좌우되지 않도록 해야 한다).

브레인스토밍을 하는 동안에는 결코 비판을 해서는 안 되며 모든 아이디어를 기록해야 한다. 팀에서 합의된 브레인스토밍 시간(보통 10-15분이면 충분하다) 동안에 만족스러운 수의 아이디어를 얻고 나면 아이디어를 평가한다. 의장은 이 과정에서 중요한 역할을 하게 된다. 그(녀)는 첫 번째 아이디어를 내놓고 이 과정을 시작하도록 해야 하며, 전 과정을 통해 관용적이고 열린 분위기가 유지되도록 해야 한다.

스트레스 관리

성과의 수준을 높이려고 노력하는 과정에서 시스템이 과열되어 조직구성원 간에 어느 정도의 스트레스가 생길 위험이 상존한다. 따라서 스트레스 관리 기법의 필요성을 알고 있는 것이 중요하다.

일부 조직에서는 스트레스 관련 질병이 증가하고 있다. 그 결과 매년 수백일의 작업일수가 낭비된다. 그 저변의 원인은 과로(업무량이나 중압감 면에서)이며 이것이 상당수의 건강하지 못한 근로자를 만들어낼 수 있다. 사람들은 그들에게 주어진 과업을 감당할 수 없게 된다.

관리자는 스트레스의 증상을 알고 있을 필요가 있다. 예를 들면 이유 없는 병가, 피로감, 무기력, 두통, 마감일을 지키지 못하는 것, 우울증 징후 같은 것들이다. 그런 증상을 초기에 발견하는 것이 매우 중요하며, 관리자는 이 분야에서 자신의 책임을 알고 있어야 한다.

> *직원과 관리자 모두 업무관련 스트레스의 희생자가 될 수 있다.*

이는 노동력의 구성원들을 보살피고 그들이 필요로 할 때 도움을 주어야 한다는 뜻이다. 관리자의 책임은 끊임없이 업무량을 검토해서 필요한 조정을 하는 것이다. 또한 각 개인은 건강 회복을 위해 휴가를 가질 수 있어야 하며, 조직이 이에 대해 우호적이며 비난하지 않는다는 점을 알 수 있어야 한다.

이러한 관리의 중요한 측면은 다음 사항을 요구한다.

- 업무상 스트레스 증후군에 대한 이해와 피고용인의 성과가 스트레스 때문일 가능성이 있다면 무엇을 주의해야 하는지에 대한 이해
- 피고용인들이 비용이 드는 법적 조치를 취하지 않도록 스트레스 문제를 처리하는 절차
- 업무관련 스트레스의 징후를 보이는 피고용인을 찾아내고 처리하는 방법을 주요 직원들에게 알려줄 것
- 노동관련법을 알고, 그에 따르는 올바른 절차와 누구에게 전문적 자문을 구해야 하는지를 알 것

스트레스에 시달린다고 분명하게 진단을 받은 피고용인에 대해서는 지원을 하거나, 직무를 변경해 주거나, 다른 업무를 고려할 수 있다.

위임

***위임**(Delegation)* : 통상적으로 관리자가 수행하는 과업에 대해 그 책임은 관리자가 계속 지면서 업무 수행을 위한 권한과 자유를 부하직원에게 부여하는 것

개인적 차원에서 살펴보는 것 외에, 업무가 어떻게 조직되었는지를 생각할 필요가 있을 것이다. 관리자가 충분히 위임을 하는데 실패한다면 다음 현상들이 하나 이상 관찰될 것이다.

- 관리자는 매일 밤 집으로 일거리를 가져가야 한다.
- 관리자는 자신이 감독하는 사람들보다 더 오랜 시간 동안 일한다.
- 관리자는 쌓인 직무를 완수하지 못하거나 마감기일을 맞추기가 어렵다.
- 관리자는 기획과 감독보다 세부적 일을 하는데 더 많은 시간을 소비한다.
- 관리자는 자신이 받는 급료를 정당화하기 위해서 과중한 업무를 맡고 있음을 보여주어야 한다고 믿는다.

위임은 관리자뿐만 아니라 감독을 받는 부하직원에게도 편익을 가져다준다. 부하직원에 대한 편익은 다음과 같다.

- 신뢰의 과시를 통한 동기부여와 팀워크의 개선
- 직무 다양성의 증가
- 부하직원이 관리자의 직무내용을 알게 됨으로써 커뮤니케이션 개선
- 승진의 적임자임을 과시할 기회
- 자신감의 고양

관리자에 대한 편익은 다음과 같다.

- 다른 업무에 더 많은 시간을 할애
- 부하직원 중 승진 적임자를 판단하는 기회
- 관리자가 부재중인 동안 부하직원들이 그를 커버할 수 있으므로 더욱 효과적인 팀의 개발
- 집단 내 커뮤니케이션의 개선

위임에 따르는 위험도 있다. 관리자는 이를 알 필요가 있다. 다음과 같은 사례를 생각해 보라.

- 과업이 완수되지 않는다.
- 과업은 완수되지만 올바르게 되지 않는다.
- 피위임자의 능력을 넘어선 과업은 그의 자신감을 무너뜨린다.
- 의욕적인 사람은 과로하게 된다.
- 지루한 과업이 부하직원에게 넘어간다.
- 과업을 잘 수행하지 못하면 신뢰받지 못한다.
- 실제로 과업을 수행한 사람이 아니라 상관이 칭찬을 받는다.
- 직무를 잘 수행하지 못하면 피위임자가 비난을 받는다.
- 피위임자가 과업을 더 잘 수행할 수도 있는데, 이것이 관리자에게 위협으로 받아들여 질 수 있다.
- 관리자가 너무 높은 기준을 정한다.

따라서 위임 과정이 적절하게 관리되는 것이 중요하다. 예를 들어서, 처음으로 위임을 도입할 때는, 관리자가 부하직원들이 과업을 효과적으로 수행한다고 믿을 수 있다는 확신이 커짐에 따라 단계별로 위임을 확대할 수 있다. 예컨대 세 단계를 두어서 각각 부하직원의 독립성을 점진적으로 더 많이 허용하는 것이다. 처음으로 한 명의 부하직원에게 위임할 때는 관리자가 과업 수행을 확인하는 자동 체크포인트를 이용하는 것이 현명하다. 나중에는 관리자가 예외적 위임 또는 완전 위임으로 옮겨가는 것이 적절할 것이다.

단계	감독 방법	설명
1	자동 체크포인트	'이 점에 대해서는 나에게 자문을 받기 전까지는 어떤 조치도 하지 말라.'
2	예외	'직무를 수행해 나가라. 그러나 충고, 도움이나 지원이 필요하면 나에게 알리라.'
3	공식적 위임	'직무를 수행해 나가라. 사후에 나에게 보고하라.'

> 위임을 잘 하면 관리자는 다른 과업을 완수할 수 있고 피위임자의
> 기술과 전문성을 확대할 수 있다.

위임이 유용한 관리도구이기는 하지만 전반적 책임을 위임할 수는 없다. 더구나 다음 사항들은 계속해서 관리자의 책임으로 남으며 위임할 수 없다.

- 부서의 목표 설정과 업무 계획 수립
- 최소한의 감독 하에 효율적으로 수행할 수 있는 팀으로 직원을 조직하는 것
- 직원에게 동기부여를 하고 위임하는 것
- 부서에 대한 책임

시간관리

시간관리는 핵심적 기술이다. 아무리 잘 조직되고 감독이 잘 이루어지고 직원들이 잘 훈련되고 위임이 이루어진다고 하더라도, 직원들이 시간을 효과적으로 관리하지 못한다면 업무를 효율적으로 수행하기는 어려울 것이다. 여기에는 목표 설정, 자원 계획과 여러 가지 활동을 완수하는데 필요한 시간의 결정이 포함된다.

효과적 시간관리의 첫 단계는 사람들이 어떻게 자신의 업무에 접근하고 어떻게 시간을 쓰는지를 아는 것이다. 짧은 자기진단을 다음 질문들로 시작할 수 있다.

- 나는 하루 안에 너무 많은 것을 완수하려고 하는가?
- 나는 내가 정한 과업을 위한 적절한 준비가 되어 있는가?
- 나는 (예를 들면 난관이나 지루한 과업에 대해) 충분히 잘 훈련되었는가?
- 나는 과업 완수에 필요한 모든 정보를 가지고 있는가?
- 나는 별로 중요하지 않은 것에 정신이 산란해지지 않는가?
- 나는 방해물을 성공적으로 처리하고 있는가?

과업은 중요성과 긴급성의 두 가지 차원에서 분류될 수 있다. 여기서 '긴급'이란 빨리 처리할 필요가 있는 과업을 의미하며, '중요'는 개인의 직무나 조직에게 큰 영향을 주는 과업을 말한다. 가장 위험한 것은 긴급성이 중요성을 압도하도록 허용하는 것이다. 우리는 이 둘 사이의 끊임없는 긴장 속에 살고 있다. 문제는 중요한 과업은 반드시 오늘 또는 이번 주에 해야 하는 것이 아니라는 것이다. 긴급한 과업은 즉각적 행동을 요구한다. 그러나 중요한 과업을 너무 오래 방치하면 긴급한 것이 될 것이다. 직원들은 자신들의 업무의 우선순위를 정해서 즉시 완수해야만 하는 활동과 그런 압력은 덜하지만 효율적 업무에 중요한 구성요소가 되는 활동 사이에 균형을 유지하는 것을 배워야 한다.

> 시간관리에는 중요한 과업을 긴급한 과업이 되기 전에 완수하는 것과 중요하지 않은 활동들에 압도되지 않는 것이 포함된다.

표3은 우선순위를 찾아내는 한 가지 방법으로 이용될 수 있는 단순한 모형이다.

이 모형을 이용하면, 어떤 주어진 직무에 들어가는 과업들의 범위에 관해 생각하고 그 각각을 모형의 적절한 부분에 적어 넣을 수 있다. 예를 들어서 월말까지 내년도 예산안을 마련해야 한다는 것은 중요하면서 긴급하므로 모형의 왼쪽이 된다.

이 분류표를 가지고 있으면, 각 과업을 처리할 수 있는 방법을 생각할 수 있게 된다.

    A   중요하고도 긴급하다. 이들 과업은 가장 먼저 처리해야 한다.

    B   중요하지만 긴급하지 않다. 마감 기일을 정하고 위임하라.

    C   긴급하지만 중요하지 않다. 이런 과업들을 빨리 끝내버릴 수 있는가?

    D   중요하지도 않고 긴급하지도 않다. 이런 일들을 왜 하는가?

긴급	비 긴급
A	C
중요	비 중요
B	D

표 3 : 우선순위 평가 모형

상업적 시간관리시스템이 시중에 많이 나와 있지만 그것들이 갖고 있는 원칙은 위에서 설정한 것들과 기본적으로 동일하다. 이들 상업적 시스템들은 각각 다양한 정도(精度)로 만들어지고 있지만 모두 핵심 요소는 다음과 같을 것이다.

1. 목표를 열거하고 우선순위를 정하라.
2. 매일 '해야 할 일의 목록'을 만들라.
3. D형이 아니라 A형의 일부터 시작하라.
4. '과정'에 집중하라. '내용'에 매몰되지 말라.
5. 한 건의 서류는 한번만 처리하라.
6. 문제가 발생하기 전에 예측하라.

7. 큰 틀의 시간계획을 세우라.

8. 시간을 정한 약속을 하라.

9. 정기적으로 성과를 검토하라.

[연습 11]

　자신의 업무의 우선순위를 어떻게 평가하며 시간을 관리하는가? 최근에 자신이 수행한 프로젝트나 활동을 생각하라. 좀더 효과적이 되도록 하려면 시간관리 시스템을 어떻게 바꾸겠는가? 단계별로 간단하게 요약하고 기술하라.

요약

제2과에서는 다음 사항을 다루었다.

- 훈련과 개발의 필수적 요소
- 직원 근무성적 통보와 평가의 필수 사항
- 후임 계획의 핵심 요소
- 팀 빌딩의 과정
- 스트레스관리 부문에 대한 관리자의 책임
- 위임의 편익과 위험
- 시간관리에서의 핵심적 고려사항

학습문제

1. 훈련과 개발에 관한 정책문서가 왜 조직에게 중요한가?

2. 훈련계획서의 개념은 무엇인가?

3. 자기개발의 개념은 무엇인가?

4. 훈련과 개발에 관한 정책문서에 포함되어야 할 요소를 다섯 가지 이상 설명하라.

5. 훈련 수요를 충족시키기 위해 개발되어야 할 인적자원 업무와 기법 세 가지를 기술하라.

6. 기록관리전문단체의 목적을 설명하라.

7. 전문단체가 수행해야 할 또는 장려해야 할 활동 네 가지를 들라.

8. 전문직 행동강령이 전문직적 행동의 기준을 설정하게 될 네 가지 관련분야는 무엇인가?

9. 연례 직원근무성적 통보의 목적은 무엇인가?

10. 자격을 정의하라.

11. 직무계획서란 무엇인가?

12. 직무계획서를 작성하고 모니터링할 때 취해야 할 여섯 단계를 설명하라.

13. 개인적 목표의 세 가지 종류는 무엇인가?

14. 성과 척도란 무엇인가?

15. 정확한 평가시스템을 확립하기 위해서 어떤 절차를 밟아야 하는가?

16. 직원성적표에는 어떤 분야의 직원 성과가 포함되는가?

17. 평가 면담을 정의하라.

18. 후임계획의 개념을 설명하라.

19. 후임계획의 네 가지 핵심요소를 지적하라.

20. 팀 빌딩의 개념은 무엇인가?

21. 관리기획자 Meredith Belbin이 개발하고 이 과에서 요약한대로 하나의 팀에서 찾을 수 있는 역할들 각각에 대해서 설명하라.

22. 스트레스관리를 위한 절차를 확립할 때 고려할 네 가지 핵심 문제를 지적하라.

23. 위임을 정의하라.

24. 위임이 부하직원과 관리자에게 주는 편익을 각각 네 가지 이상 지적하라.

25. 위임 절차에 내재된 위험을 적어도 네 가지 이상 지적하라.

26. 시간관리의 개념을 설명하라.

27. 중요 과업이란 무엇인가?

28. 긴급 과업이란 무엇인가?

29. 훌륭한 시간관리에 포함된 여덟 단계를 설명하라.

연습 : 조언

연습 6-11

이 연습문제들 역시 이 과에서 제공된 정보와 당신이 속한 조직에서 실제로 사용되는 방법을 비교하는 것을 도와주려는 의도를 갖고 있다. 이들 연습은 또한 여기에 요약된 '유형'이나 '모형'과 관련지어 자신의 성격과 작업 방식을 이해하는 것을 도와주도록 설계되었다. '정답'이나 '오답'은 없으며, 당신은 이 문제들 대부분에 대해서 깊이 조사하거나 변동을 위한 구체적 제안을 할 위치에 있지 않을지도 모른다. 그러나 이 연습을 활용해서 가능한 한 많은 것을 배워야 한다.

재정자원관리

제3과는 효과적이고 효율적인 재정자원관리의 이론과 실제를 모두 제시하도록 설계되어 있다. 기록관리 시스템의 개발과 유지에는 재정 투자가 필요하다. 그러므로 관리자가 제때에 적절한 재정적 지원을 확보하는데 관련된 재정적 절차와 실무를 이해하는 것이 중요하다.

1980년대 중반부터 공무원들이 일하는 방식에 큰 변화가 일어나고 있다. 오늘날에는 책임성, 투명성, 감사 및 배상을 보다 강조하고 있다. 그와 동시에 예산은 더욱 빡빡해지고 자원은 줄어들고 있다. 고위관리자들은 늘 자신들이 집행하는 모든 지출에 대해 비용효과성을 추구하고 있다.

과거 어느 때보다도 적절한 재정을 확보하는 것이 더욱 중요하다. 그러나 그것은 실천하기보다 말하기가 훨씬 쉽다. 사교행사에서부터 수백만 달러짜리 건축계획에 이르기까지 프로젝트 기획의 책임을 맡은 사람들은 흔히 그에 따르는 비용과 시간을 과소평가한다.

한편, 현금주의 회계(cash accounting)와 일년 단위 회계연도(annuality)로부터 민간부문에서 더 익숙한 회계 관행인 발생주의 회계(resource or accruals accounting)로 옮겨가고 있다.

- 현금주의 회계는 계정이 커버하고 있는 기간 내에 실제로 발생하는 거래만을 포함한다. 이 체제에서는 영수와 지불은 현금을 받거나 지불할 때에만 인정된다. 특정 기간 동안 자금을 받거나 지불한 목적과 대상을 강조한다. 현금주의 회계는 시스템이 발생주의 회계를 실행할 만큼 충분히 정교하지 못하고 변동으로 인해 생기는 편익이 시스템 전체를 재구축하는 비용을 정당화하지 못할 경우에도 이용된다.

- 발생주의 회계는 지불이나 영수를 한 실제 일자에 관계없이 회계 기간에 해당되는 모든 거래를 반영한다. 언제 현금이 지불되거나 영수되었는지에 관계없이 거래가 일어날 때 거래를 인정한다. 거래는 회계기록에 기록되고 그 서비스를 받거나(지출) 제공한(수입) 기간의 재무제표(financial statement)에 보고된다. 발생주의 회계에 의거해서 작성된 재무제표는 현금의 지불과 영수를 포함하는 과거의 거래와 함께 미래의 지불의무와 앞으로 받을 것도 표시한다. 이는 자원의 활용을 고려하고 성과에 초점을 맞추며, 출력물을 측정하기가 더욱 쉽게 함으로써 경제적 의사결정을 촉진한다.

그러나 이런 변화는 아직 일반적으로 적용되고 있지 않기 때문에 이 과에서는 전통적인 일년 단위의 공공부문 예산과 회계 형식의 현금주의 회계라는 전통적 틀을 전제로 한다.

모든 행정절차와 마찬가지로 재정자원의 효과적 관리는 바람직한 레코드키핑 관행에 크게 좌우된다. 이 문제는 『재무기록물관리』에서 구체적으로 다루어지므로 여기서는 간단하게만 언급할 것이다.

> 재무기록의 관리에 관한 더 많은 정보는 『재무기록물관리』
> (Managing Financial Records)를 보라.

이 과는 관리자들에게 다음과 같은 면에서 도움을 줄 것이다.

- 그들이 일하는 재정적 환경을 알고 이해한다.
- 그들이 재정자원 관리의 효과성을 최대화할 수 있도록 하는 기법을 배우고 사용한다.
- 그들이 책임을 맡고 있는 활동에 대한 자금 확보의 대안을 찾는다.

또한 다음과 같은 방법을 보여줄 것이다.

- 필요한 자금을 정의하는 방법
- 그러한 자원을 확보하는 방법
- 그것이 어떻게 쓰이는지 감독하는 방법
- 그것의 효과성을 최대화하는 방법

1. 자금의 출처

정부 내에는 공공부문 재정을 관리할 책임을 가진 일련의 부처와 기관들이 있다. 영연방 전체에 걸쳐 공공부문 재정관리에서 따르는 절차는 대체로 비슷하다. 책임을 맡은 부처와 기관의 명칭과 정확한 역할은 국가마다 다르지만, 이들 모두 세 가지 기본적 기능을 수행한다.

1. 조세를 통해 거두어진 기금을 여러 다양한 공공부문 간에 어떻게 배분하는가를 결정한다(보통 재무부 또는 그 상당 기관의 책임이다).
2. 현금 흐름을 처리하고 공공 기금의 지급을 관장한다(보통 회계청(Account General)).
3. 공적자금의 수집, 처리 및 폐기에 관련된 활동을 검사하고 표본조사를 한다(보통 감사

원(Auditor General)).

대부분의 국가에서는 공공부문에서 따르는 재무 및 회계원칙을 재무회계지침서(Treasury Accounting Instructions) 등과 같은 제목의 정부간행물에 수록하고 있으며, 이것은 특수한 문제를 다루는 규정에 의해 수시로 보충된다.

> 대부분의 국가에서, 재무원칙의 개요는 특정
> 정부간행물에 수록되어 있다.

공적자금을 계획하고 통제하는 과정은 기본적으로 전반적 계획에서 시작해서 언제 무엇을 할 것인지를 좀더 정확하고 상세하게 기술하는 쪽으로 옮겨가는 것이다. 각 기관들은 보통 다음 회계연도부터 시작해서 향후 5년처럼 일정 기간 동안 그 기관의 활동을 예측하는 전략계획을 가지고 있다. 그 기간 동안 제안된 프로그램의 예측 비용은 이 전략계획에 수록된다. 예산 당국은 보통 그런 문서를 작성하는 방법에 관한 지침을 발행한다. 각 기관들은 연간 지출액의 다양한 증가 또는 감소율에 따른 몇 가지 서로 다른 재정예측 범위 내에서 전략계획의 틀을 짜도록 요구받을 것이다.

> 전략계획은 『기록관리의 전략계획』(Strategic Planning for Records and Archives Services)에서 더 상세하게 다룬다.

이런 전략계획은 해당 기관의 각 부문별로 과거에 관한 정보와 상세한 계획 및 제안에 관한 정보를 바탕으로 세워질 것이다. 이 정보는 때때로 공공지출조사(public expenditure survey)라고 일컬어지는 정부 전체를 위한 복합적 전략계획으로 통합된다. 그러나 각 기관들은 흔히 자금을 어떻게, 언제 그리고 어디에 지출할 것인지를 결정하는데 완전히 자유롭지는 않을 것이다. 개별 기관의 자율성을 공식적으로 제한하는 사례에는 다음과 같은 것들이 있다.

- 급료, 연금, 수당은 정부에 의해 결정된다.
- 각 기관의 회계보고서는 정부에서 규정한 일정한 양식에 따라 유지되고 제출되어야 하며 회계는 감사원에 의해 감사를 받아야 한다.
- 각 기관은 정부 회계시스템의 정규 과정을 통해 지출에 대한 통제를 받는다.
- 통상적이 아니거나 일정한 재정적 수준을 넘는 제안에 대해서는 상급기관이나 부처에 회부할 필요가 있다.

자신이 속한 조직 내에서 어떤 부처, 기관 또는 부서가 자금 관리 책임을 맡고 있는가? 각각의 직위와 그들의 책임 범위를 설명하라.

책임성

이런 계획수립 과정에서 핵심적 원칙은 공공 책임성(public accountability)이다. 이는 한 기관의 회계담당관에게 그 기관의 조직과 인사가 건전하게 이루어지고 있고, 업무를 효율적이고 경제적으로 수행하고 있으며, 공적자금이 적절하고 정당하게 이용되고 있음을 보장할 책임이 있다는 것을 의미한다. 회계담당관은 공적자금이 원래 목적을 위해서만 투입되며 모든 지출이 적절한 당국에 의해 처리되고 있음을 보장해야 한다.

> *회계담당관(Accounting officer)* : 독자적인 예산항목(vote)을 확보하고 있는 기관의 고위 공무원(예컨대 사무차관(permanent secretary))으로서 의회에게 (감사원을 통해) 그 기관의 예산항목 지출의 정당성 (propriety)과 정규성(regularity)에 대한 책임을 진다.

다음 일반 원칙은 모든 재무거래나 제안(proposal)에 관련된다.

- 시행을 하려면 자금이 반드시 있어야 한다.
- 자금운용계획은 반드시 자금배정 목적에 맞아야 한다.
- 제안은 그 기관이 위임받은 권한 범위 내에 있어야 한다. 그렇지 않으면 해당 기관으로부터 구체적 권한을 확보하고 있어야 한다.
- 제안이 통상적인 것이 아니라면, 비록 그 기관의 권한 수준 내에 있다고 하더라도, 구체적 근거나 인정할만한 선례가 있어야 한다.
- 다른 공공기관에 더 적합한 기능을 수행해서는 안 된다.
- 제안은 목적을 달성하기 위해 가장 효율적이고 경제적인 자원의 이용을 제시해야 한다.
- 적절한 관리, 자금 지원, 회계, 계약 및 안전조치가 확립되어야 한다.

> *책임성은 공공부문 재무관리의 핵심요소이다.*

예산요구서

예산은 보통 단일 회계연도를 기준으로 세워지고 모니터된다. 계획 수립을 목적으로 하는 경우, 지출제안서(statement of proposed expenditure)는 전략계획에서 볼 수 있는 것보다 훨씬 상세해야 한다. 이 상세한 문서는 업무계획(business plan)에 맞게 조정되며 보통 '예산요구서'라고 일컬어진다.

예산요구서(Estimates) : 정부가 다음 회계연도에 확보하려는 공적자금을 어떻게 지출하려고 하는가를 설명하는 문서

> 업무계획은 『기록관리의 전략계획』(Strategic Planning for Records and Archives Services)에서 더 상세하게 다룬다.

예산요구서는 흔히 전략계획의 첫해에 포함된 것보다 많은 자금이 배정되지 않는다는 전제에 기초를 두고 있다. 예산요구서는 보통 예산절차에 의해 요구되는 특정 포맷으로 기술된다. 따라서 각 기관으로서는 스스로의 활동을 계획하고 그 지출의 용도를 설명하기 위해 자체적으로 사용하는 용어가 아니라 일정한 국가회계 분류체계에 맞추어 지출요구액(bid)을 기술해야 할 것이다.

한 기관 내의 각 부서들이 제출한 최초의 요구액은 그 기관 자체의 재무부서의 조사를 거쳐 거부되거나 수정되기도 한다. 다음에는 이것들이 합쳐져서 그 기관의 예산요구액이 되고, 이는 다시 내각 중 예산요구서에 대한 책임을 가진 부처에 의해 검토된다. 이 과정을 통해 정부의 합의된 예산요구서가 만들어지고 승인을 기다리게 된다.

회계연도를 시작할 때 또는 그 이전에 각 기관은 주요한 지출 영역별로 예산요구서에 어떤 항목들이 존재하는지에 관해 통보를 받을 것이다. 각 기관은 예산요구서가 합의된 이후 발생했을지도 모르는 변화에 비추어 보아 자금 배정을 어떻게 하기를 원하는지 결정해야 할 것이다. 이후에도 일년 내내 일정한 간격을 두고 전체 예산 범위 내에서 자금 배정을 조정할 기회가 있을 것이다. 궁극적 목적은 각 기관이 배정된 실제 자금을 가감 없이 지출하도록 보장하려는 것이다. 표4는 예산 주기의 한 가지 예를 보여주고 있다.

			예산 주기		
실제 시간		작년	금년	내년	내후년
		1999/2000 (감사)	2000/01 (집행)	2001/02 (예산작성)	2002/03 (기획)
2000년	4월	지출에 대한 항목별 보고서	자금 방출	예산 준비	전략계획 준비
	7월		지출에 대한 1차 예측		
	10월	지출에 대한 최종보고서	지출에 대한 중간 예측	제안된 예산요구서	2002/03-2006/07년도 전략계획을 위한 지침
2001년	1월		지출에 대한 3차 예측		
	3월		지출에 대한 4차 예측	2001/02년도 예산요구서	2002/03-2006/07년도 전략계획
2001/02년			(감사)	(집행)	(예산작성)
2002/03년				(감사)	(집행)

표 4 : 예산 주기

> *예산요구서를 작성하는 목적은 조직이 가용 자금만큼만 지출하여 상궤를 벗어나지 않도록 하는 것이다.*

[연습 13]

자신이 속한 조직에서 연간 예산이나 예산요구서를 작성하는데 사용되는 절차를 설명하라.

기타 자금원

기록관리 활동에 자금을 댈 수 있고 대려는 의지를 가진 다른 조직들, 예컨대 기부기관, 자선단체 및 재단 등이 있을 것이다. 보통 그런 조직과 접촉하기 위해서는 따라야 할 규칙과 절차들이 있을 것이다. 특히 기록관리기관이나 한 기관이(자체의 기록관리부서를 위해서) 직접 이런 자금원과 접촉할 수 있는지 또는 개발 책임을 맡은 정부 부처 같은 다른 공공기관을 통해서 접촉해야 하는지 여부를 알 필요가 있다. 또한 자금을 받을 기회를 최대화하기 위해서 개별 조직의 자금지원 일정표, 절차 및 우선순위를 이해할 필요가 있다.

잠재적 기증자에 대한 접촉은 신중하게 준비되어야 한다. 지원을 요구하는 조직 측의 약속과 정부로부터의 충분한 지원이 있어야 한다. 어느 정도의 자체 투자는, 비록 그것이 처음에는 시설과 대상 인적자원 제공뿐일지라도, 반드시 제시되어야 한다. 신청은 적절하고 합당한 통로를 통해 이루어져야 한다.

프로젝트 자체는 준비와 실행에 대한 현실적인 일정표를 제시하고 충분하고 정확하게 비용을 계산한 상세한 프로젝트 제안서에서 잘 정의되어야 한다. 프로젝트는 성취 가능한 것이어야 하며 요구하는 조직의 전략계획 같은 것에 설명되어 있을 분명한 우선순위와 일치해야 한다. 일단 프로젝트가 완수되면 재정 및 기타 필요한 자원의 계속성에 대한 보증이 있어야 한다. 일반적으로 지원기관들은 기록관리 활동에 대한 지속적인 경상비(예컨대 인건비)는 지원하지 않으며 하부구조 개발, 훈련과 자본재의 마련(건물과 설비)을 지원하는 것이 계속적인 자체 개발을 촉진시키게 될 그런 신청을 가장 우호적으로 본다.

[연습 14]

당신이 속한 조직은 업무를 위해 기증 자금을 받는가? 정보를 얻을 수 있다면, 자금지원을 받는 프로젝트의 유형과 자금을 제공하는 기증기관에 대해 설명하라.

예산 편성

어떤 유명한 영국인이 이렇게 쓴 적이 있다. '예산을 편성한다는 것은 사람들이 무엇이 문제이며 무엇을 할 것인지를 숫자로 바꾸기 위해 커다란 방에서 오랜 시간을 소비하는 것이다…'

> 가나(Ghana)의 재무부 장관 Kwesi Botchwey 박사가 1995년도 예산을 제안하면서

예산(Budget) : 지출 예상액과 그 자금의 조달계획에 기초한, 일정 기간 동안의 재정상황에 대한 명세서

정부에 대해서든 외부 조직에 대해서든 자금요구서(bid for funds)를 작성하는 데는 신중하고 상세한 준비가 필요하다. 그러한 자금의 배분을 정당화하는 모든 경우의 핵심에는 건전한 예산이 있어야 한다.

예산은 용돈을 어떻게 쓸지 결정하는 어린이에서부터 한 국가를 경영하는 정부에 이르기까지 어떤 활동에 대해서도 마련될 수 있다. 예산 작성은 기관 내 모든 종류의 수준에서 이루어진다. 기록관리 분야의 관리자는 구체적인 기록 및 영구기록 관련 프로젝트를 위한 예산 작성뿐만 아니라 모체기관 전체 예산의 최소한 일부분을 준비하는데 관련될 가능성이 가장 크다. 어떤 수준에서건, 예산 편성이란 얼마나 많은 돈을 언제 쓸 필요가 있는지를 예측하는 것이고, 다음에는 그 예측과 대조해서 실제 과정을 모니터링하는 데 관한 것이다.

예산은 기본적으로 숫자로 표현된 계획이다. 예산을 마련하는 것은 어떤 제안에서나 필수적 부분이다. 어떤 제안을 실행하는데 언제 얼마나 많은 비용이 들지를 알 수 없는 제안에 대해 사람들은 동의하지 않을 것이다. '언제'를 잊지 말라. 많은 사업이 다른 어떤 이유보다 현금흐름 문제 때문에 실패한다. 올해에 대금을 지불해야 하는데 내년의 자금 약속은 소용이 없다.

> 예산은 숫자로 표현된 계획이다.

공공부문에서 예산은 보통 회계연도 전체에 관련된다. 예산에는 다음 몇 가지 기본적 형태가 있다.

- 항목예산(line-item budgets)은 지출의 대상, 즉 항목에 따라 다음 해에 대한 지출 영역들을 열거한다. 이것은 어떤 특정 기관이나 하위 부서가 인건비, 후생복지비(fringe benefit), 여비, 설비비 등에 얼마를 지출할 수 있는지를 보여준다. 그 지출의 목적이나 지출과 연관된 활동과는 연계성이 없다. 중앙에서 관리되는 것이 보통이다.
- 성과예산(performance budgets)은 지출항목을 특정 활동별 또는 '원가중심점'(cost centres)[7](예컨대 영구기록보존소 관리, 정리와 기술)별로 나누어서 각 활동과 그 비용을 연계시킨다. 이 방법은 전통적인 항목별 예산편성처럼 점증적이 아니라 예측되는 업무량에 근거해서 예산을 편성할 수 있도록 한다.
- 프로그램예산(programme budgets)은 서로 경쟁하는 정책들 중에서 예산의 선택에 초점을 맞추며 여러 다른 예산 목표들을 변수로 다룬다. 실제로는 성과예산과 프로그램예산 사이에 거의 차이가 없다. 양자 모두 내부적으로 그 활동이나 정책을 책임지는

---

7) 원가 및 비용의 발생에 대해서만 공식 보고를 하고 책임을 지는 최소 영역의 책임중심점(역자 주).

계선관리자에 의해 관리되는 것이 보통이며, 그 관리자는 그(녀)의 전체 예산 범위 내에서 업무의 우선순위에 따라 항목 간 자금이동을 할 권한을 가지고 있다.

- 영기준예산(zero-based budgets)은 글자 그대로 무(無)에서 시작해서 예산을 세운다. 국가적 차원에서 이것은 '군대가 없다면 어떻게 하겠는가?' 또는 '국가보험이 없다면 어떻게 하겠는가?' 같은 질문에 대답할 것을 요구한다. 이 방법은 연간예산도구로서 유용하다는 증명을 받지 못하고 있다.

예산의 개발과 결정

예산을 개발하고 결정할 때 밟아야 할 단계는 표5에 요약되어 있다.

> 누구도 미래를 절대적으로 정확하게 예견한다고 기대할 수 없다.
> 사실 예산을 편성하는 주요 목적은 일이 예측한대로 이루어지지
> 않을 때 이를 인식할 수 있도록 하는 것이다.

시간이 흐르면서 프로젝트 진행에 큰 차질이 생긴다면, 왜 예측대로 수행되지 않는지를 생각해보아야 한다. 그때까지의 진도에 비추어 보아서 나머지 기간의 예산을 개정할 필요가 있을지도 모른다. 현재 지출에 대한 검토에 기초해서 앞으로의 진행에 관한 어떤 결론을 내릴 수 있을 것이다.

프로젝트의 성격을 바꾸는 것에 관한 결정을 할 필요도 있을 수 있다. 완료 일자를 연기할 필요가 있는가? 더 많은 직원을 투입해야 하는가? 프로젝트의 규모를 줄여야 하는가?

단계	활동
1	예산이 포괄해야 할 기간(예컨대 일년)을 결정한다. 다음에는 예산을 어떤 기간(예컨대 주 또는 월)으로 구분할지를 결정한다.
2	각 기간별로 활동수준을 예측한다. 활동은 일년 내내 골고루 분포하지 않을 것이며 예측은 이를 반영해야 함을 기억하라.
3	예산 내에서 각 기간별 활동수준을 설정했다면 그 활동의 비용을 충당하는데 필요한 자금의 액수를 예측한다.
4	각 수준의 경상비를 예측한다(이에 대해서는 아래에서 논의한다).
5	마지막으로 계획이 그 기관이나 부서의 전체 예산에 들어맞는지 확인한다.

표 5 : 예산 개발의 단계

자기 집의 방을 장식하는 일부터 주요한 영구기록프로젝트를 조직하는 일에 이르기까지 무엇이든 예산을 확정할 책임을 맡고 있다고 상상하라. 그 프로젝트를 정의하고 그 프로젝트를 제 시간에 그리고 예산 범위 내에서 완수하기 위해서 위에 열거한 다섯 단계마다 당신이 해야 할 활동에 대해 간략하지만 내용이 있는 기술을 하라.

그 프로젝트의 비용을 어떻게 결정하겠는가? 걸리는 시간을 어떻게 결정하겠는가? 각 과정을 간략하게 기술하고 스스로의 예측이 가능한 한 정확함을 보장하기 위해 어디에서 연구를 하거나 또는 추가 정보를 수집해야 하는지를 지적하라.

몇 가지 비결

예산을 세우는 목적은 모든 것을 절대적으로 정확하게 만드는 것이 아니라 오히려 통제를 보장하는 것이다.

예측의 품질은 애초에 세웠던 가정의 품질에 좌우된다. 그러한 가정을 세우는데 기초가 되는 정보는 반드시 최신의 것이어야 하며, 올바른 분야에 관련되어야 하며, 적절한 관리자로부터 나온 것이어야 한다. 과거의 예산 계획을 세우고 예측할 때 범했던 실수를 다시 범하지 않도록 하라.

예측하지 못한 것에 대해 대비하라.

예산 전체를 완전히 다시 편성하지 않으면서 예산을 조금 바꿀 수 있는 여지를 줄 수 있도록 어느 정도의 예비비를 설정하라. 예비비의 규모는 예산의 규모와 대상에 따라 다를 것이다. 그러나 예비비로 인해 확고하고 정확한 정보와 신중한 계획이 바뀌지 않아야 한다는 것을 기억하라.

언제 서비스나 물품이 공급될 것인지에 대해서가 아니라 언제 대금을 지불할 수 있는가에 대한 계획을 세울 필요가 있음을 기억하라.

예산을 세우면서 가장 많이 범하는 오류는 일정표와 비용에 대한 지나치게 낙관적인 견해이다. 사무실에 페인트칠을 하는 것에서부터 도시를 건설하는 것에 이르기까지 대부분의 프로젝트들은 프로젝트 기획자들이 처음 견적을 냈던 것보다 더 오래 걸리고 더 많은 비용이 들게 된다.

비용 산출

예산을 세우고 자금을 요구하기 위해서는 비용이 얼마나 들지를 계산할 수 있어야 한다. 이것이 간단하게 들릴지 모르지만, 정부 내에는 당황스러울 만큼 다양한 비용 계산 방법이 있을 수 있다. 그것은 다음과 같다.

- 총비용(full costs)
- 시장비용(market costs)
- 보조비용(subsidised costs)
- 표준비용(standard costs)
- 실제비용(actual costs)
- 숨겨진 비용(hidden costs)
- 추가비용(additional costs)
- 한계비용(marginal costs)

어떤 계산방법을 사용하든 비용은 다시 다음과 같이 분류될 수 있다.

- 고정비용(fixed costs) 또는 가변비용(variable costs)
- 직접비용(direct costs) 또는 간접비용(indirect costs)

그에 덧붙여서, 예산에 대한 인플레이션의 영향을 고려하는 시스템이 확립되어 있을 것이다.

관리자는 자기 나라의 공공부문에서 사용하는 비용 산출 기준을 알 필요가 있다. 아래 글은 활동에 대한 비용을 계산하는 방법을 설명하는 것이다. 여기서 사용된 접근법은 어떤 비용 산출 수준이 사용되더라도 타당할 것이다. 그렇지만, 실제로 비용은 해당 국가에서 사용되는 시스템에 따라 제시된다는 것이 절대로 중요하다.

> 비용 산출에 사용되는 구체적 방법은 국가마다 그리고
> 정부마다 다를 것이다.

고정비용과 가변비용, 직접비용과 간접비용

비용을 어떻게 계산하든, 활동에 관련된 비용 중 일부는 고정적일 것이고 다른 일부는 가변적일 것이다. 마찬가지로 일부 비용은 활동에 직접 관련될 것이고(직접비용), 반면에 다

른 비용은 기관의 전반적 운영 중 일정 비율이 될 것이다(간접비용). 일반적으로 직접비용은 활동수준에 따라 다양한 반면에 간접비용--주로 경상비--은 고정적이지만, 언제나 그런 것은 아닐 것이다.

준현용기록을 기관에서 자료관으로 이관하는 프로젝트에서 기록을 담아 둘 상자의 구입은 직접비용이자 가변비용의 예가 된다. 상자가 필요한 이유는 오로지 기록이 자료관에 들어오기 때문이므로 이것은 직접비용이다. 필요한 상자의 수는 이관될 기록의 수에 따라 다르기 때문에 가변비용이다.

고정비용이자 간접비용의 예가 되는 것은 자료관의 안전조치이다. 자료관은 존재하는 것이며 자료관에 기록이 적든 꽉 차있든 관계없이 야간경비원 배치 등의 조치를 취할 필요가 있다.

이 프로젝트에서 기록을 옮기는데 사용되는 차량이 자료관 소속이라는 가정 하에 차량유지는 간접가변비용의 예가 될 것이다. 자료관은 일정한 차량유지 작업을 하고 있었을 것이다. 그 차량은 일년에 한번 점검을 받도록 계획되어 있었는데, 이 프로젝트에서 많이 이용함으로써 더 자주 점검을 받을 필요가 생길 수 있다. 한편 그 차량이 오직 이 프로젝트의 일부로 기록을 옮기는 데만 사용되게 되어 있다면 유지비, 임대비와 연료비는 모두 직접가변비용이 된다.

가변비용 중 일부는 활동의 수준에 직접 비례해서 변하지 않는다. 이를 일컬어 준가변비용이라고 한다. 인건비가 그 예이다. 사람을 분수로 확보할 수는 없으므로 어떤 활동의 수준이 일정한 한계에 도달하면 새로운 사람 한 명을, 그에 따른 모든 비용과 함께, 채용할 필요가 생기게 된다. 이것은 활동 수준에 비례한 원만한 증가보다는 계단식 효과를 일으키게 된다.

자본비용과 운전비용

비용 산출 과정에서 더 구분해야 할 것은 자본프로젝트에 대한 일회적 지출인 자본비용(건물, 기자재 등)과 조직의 계속적 비용인 운전비용(급료, 서비스, 소모품 등)이다. 프로젝트에 대해 후속 활동을 위한 적절한 운전비용이 확보되지 않을 것이라면 자본 지출을 수행하는 것은 의미가 없다.

> **[연습 16]**
>
> 위에 제시된 정보를 주의 깊게 읽고 다음 용어와 관련지어 이 연습을 완결하라.
>
> 　　　　고정비용
> 　　　　가변비용
> 　　　　직접비용
> 　　　　자본비용
> 　　　　운전비용
>
> 위에 사용된 용어 각각에 대해 그 정의를 짧게 쓰고 자신이 속한 조직에서 그 용어가 어떻게 사용되는지 구체적 예를 들어 설명하라. 이런 과정을 통해 당신은 용어를 이해하고 그것이 자신의 조직에서 어떻게 적용되는지 아는데 도움을 받을 것이다.

서비스 요금 산출

기록관리 업무 중 일부 부문에서는 서비스 제공에 대한 요금을 징수할 수 있다. 예를 들면, 국립기록보존소에서 문서 복사본에 대해 고객에게 요금을 징수하거나 또는 한 기관의 운영부서에서 파일보관 비용을 받을 수 있다. 공공부문에서 비록 고객에게 요금을 부과하지 않더라도 서비스 비용을 계산하라는 요구가 점점 더 많아지고 있다.

정부로서는 국립기록보존소에 문서 하나를 보관하거나 또는 자료관에서 연금파일 하나를 검색하는데 비용이 얼마나 드는지를 알고자 할 것이다. 그러한 비용을 산출하려면 직접비용과 간접비용을 합산할 필요가 있을 것이다.

고려할 필요가 있는 직접비용에는 다음 사항들이 포함된다.

- 재료비
- 서비스 제공에 관련된 직접 인건비
- 소모품비(복사용지 등) 같은 생산비

간접비용에는 다음 사항들이 포함된다.

- 경상비
- 활동을 관리하는데 들어가는 행정적 노력

- 건물 수리
- 기자재의 감가상각비

이들 간접비용의 일부는 서비스 제공에 적용되며 직접비용과 합쳐져서 서비스 비용을 구성해야 한다.

경상비

앞에서 언급한 바와 같이 경상비는 간접비용의 주요 구성요소이다. 경상비에 포함되는 주요 항목에는 다음과 같은 것들이 있다.

- 사무용품비, 관리자와 감독자의 급료, 서기와 청소부와 수위의 임금
- 임대료(또는 정부가 소유한 건물의 유지에 상당하는 비용)와 재산세
- 전화 및 팩스비
- 여비
- 차량비
- 보험과 금융 수수료
- 감가상각비, 보안, 회계, 감사 및 법률비용

대부분의 경상비의 액수는 전년도의 지출로부터 추론할 수 있다. 특정 국가의 행정부 내부에는 이들 경상비를 계산하고 적용시키는 방법에 관한 구체적 지침도 있을 것이다.

자본비

때때로 신규 기자재 같은 중요한 자본재의 구입 또는 건물 증축을 위한 예산을 세울 필요가 있을 것이다. 그 밖의 활동에 대한 예산을 세우는데도 거의 똑같은 원칙이 적용될 것이다. 그러나 자본 프로젝트는 훨씬 비용이 많이 드는 경향이 있으며 이에 대한 예산을 성공적으로 세우는 중요한 요소는 언제 지출이 생길 것인가를 예측해서 필요할 때 자금을 사용활 수 있도록 확보하는 능력이 될 것이다.

> 자본 프로젝트를 관리하는 데는 타이밍이 가장 중요한 요소이다.

프로젝트의 기획과 관리는 『기록관리의 전략계획』(*Strategic Planning for Records and Archives Services*)에서 더 상세히 다룬다.

수입

기자재를 자국 내에서 제조하고 공급할 수 있는 경우에는 비용이 쉽게 확인될 것이며 상대적으로 저렴하다. 그러나 수입을 통해서만 구할 수 있는 기자재도 있을 수 있다. 사정이 그렇다면 다음 사항을 확인하도록 주의를 기울일 필요가 있다.

- 비용이 어떤 화폐로 견적되어 있으며 해당 환율은 얼마인가?
- 견적가격에는 자국 대리점의 수수료가 포함되었는가?
- 운임과 배달비 등 추가비용은 어느 정도인가?
- 조립과 설치에 추가비용이 들어가는가?
- 지불해야 하는 관세나 세금이 있는가? 있다면 얼마가 될 것인가?

인플레이션

프로젝트 기간이 일년보다 길다면(경우에 따라서는 일년 이하라 하더라도), 인플레이션이 영향을 마칠 가능성을 고려할 필요가 있다. 향후 인플레이션 지수를 예측 적용하여 그것을 고려한 수준만큼 예산액을 증액하는 것이다. 그 방법에 대한 지침은 각국의 자체 시스템 내에 들어있을 것이다.

그러나 인플레이션이 모든 종류의 지출에 동일한 방식으로 영향을 미치지는 않는다는 점을 기억하는 것이 중요하다. 예를 들면 인건비와 재료비의 증가율은 다를 것이다. 어떤 종류의 지출, 예컨대 수입된 사무기술(office technology) 같은 것은 특히 고율의 인플레이션에 영향을 받기 쉬울 것이다(환율에 따른 많은 변수들의 영향을 받으므로). 정부가 비용에 적용하는 지수가 이와 같은 구매에 대해 인플레이션 수준을 반영하지 못하는 것으로 보인다면 프로젝트 초기에 일찍 구매하도록 계획을 세울 필요가 있을 것이다.

> 예산 편성의 모든 다른 측면과 마찬가지로 인플레이션을
> 성공적으로 다루는지 여부는 장기간에 걸친 비용
> 관리에 좌우될 것이다.

3. 조달

조달이란 공공부문에 속하는 기관들이 물품이나 서비스의 구매를 실행하는 과정이다. 소량의 소모품 같은 저가 구매에 대해서는 별도의 제도가 있을 것이다. 그러한 구매는 보통 필요한 용도에 대한 자금을 지출할 권한을 위임받은 담당자가 승인한 구매요구서를 통해 시행된다.

> **구매요구서(Requisition)** : 구매요구담당관(demanding officer)이 작성한 문서로서 필요한 물품이나 서비스를 명시하고 있으며, 정식으로 승인을 받게 되면 공급업자에 대해 그 물품이나 서비스의 주문서 역할을 한다.

이 장에서는 상대적으로 값비싼 물품이나 서비스의 구매 절차에 중점을 둔다.

상당한 액수의 공적자금이 걸려있는 구매인 경우에 물품이나 서비스의 공급은 보통 입찰에 의해 이루어진다. 이것은 통상적으로 조달당국(procurement authority)이 복수의 공급업자와 접촉하는 경쟁입찰이 될 것이다. 공급업자가 요구조건을 충족시킬 능력이 있는지 여부를 알 수 없는 경우에는 입찰에 앞서 조회서(enquiry letters)를 보내게 된다.

> **입찰안내서(Invitation to tender)** : 특정 물품이나 서비스의 구매 조건과 함께 그 공급조건을 제시한 공식문서
>
> **입찰(Tender)** : 특정 물품이나 서비스를 특정한 가격에 공급하겠다는 잠재적 공급업자의 제안

조회서의 목적은 구매요구담당관(다시 말해서, 구매를 하는 담당관)이 프로젝트 초기 단계에 공급품의 가격, 규격, 성능 및 획득 가능성을 현실적으로 비교할 수 있도록 하는 것이다. 또한 이것을 통해 계약상 어려움이 있을 가능성을 알 수 있게 된다. 이런 공식적 활동이 독자적인 조사(independent enquiries)보다 선호된다. 왜냐하면 이것이 차후의 공식적 입찰의 결과에 대해 좀더 신뢰할 수 있는 지침을 제공하고 시간을 절약해 줄 것이기 때문이다. 이것은 또한 구매요구담당관에게 안전판의 역할을 한다.

경쟁입찰에 참여하도록 지명받은 기업의 리스트(사전조회(initial enquiries)를 통해서 또는

공급업계에 정통하다면 개인적 경험으로)를 만드는 것은 보통 구매요구담당관의 책임이다. 구매요구담당관은 선정된 모든 기업의 적법한 입찰을 받아들일 준비가 되어 있어야 한다.

수의계약(single tender action)이란 오직 단일 기업에게만 입찰하도록 지명하는 것이다. 이것이 성립되려면 특별한 사정이 있어야만 한다. 그 이유가 될 수 있는 경우는 다음과 같다.

- 수요가 있는 물품이나 서비스의 획득 가능성이 제한적이다.
- 지리적으로 경쟁을 할 수 없는 위치에 있다.
- 기존의 기자재와 호환성이 보장되어야 하거나 재료의 표준을 유지해야 할 필요가 있다.
- 입찰비용이 구매가격에 의해 정당화되지 않는다.

입찰과정

입찰의 출발점은 구매요구담당관이 작성한 명세서이다. 여기에는 요구하는 성능이나 품질의 수준이 될 수 있는 한 구체적으로 포함되어야 한다. 구매요구담당관은 충분한 근거가 없는 한 특정 제조업자의 생산범위에만 들어맞는 명세서를 쓰지 않도록 주의해야 한다. 그렇지만 명세서는 정확하고 모호하지 않아야 한다. 입찰자들에게는 명세서를 충족시키기 위한 대안적 해결책을 제안할 기회가 주어질 수 있다. 구매요구담당관은 명세서의 정확성에 대한 책임이 있다.

실현 가능한 납기일이 제시되어야 하며, 구매요구담당관은 물품이나 서비스를 어떻게 검수할 것인지를 고려해야 한다. 입찰안내서에 시험(test)을 명시할 필요가 있을지도 모른다. 경쟁입찰인 경우에는 통상적으로 최소한 셋 이상의 공급업자가 응찰해야 한다.

> 유자격 공급업자 명부(list of potential suppliers)를 지나치게 길게
> 만드는 것은 누구에게도 이익이 되지 않는다.

입찰의 평가

입찰신청은 구매요구담당관에게 기술적 평가를 하도록 전달될 것이며, 한편 조달 당국은 계약조건의 변경에 대한 제안을 검토할 것이다. 통상적으로 기술적 및 계약상의 근거에서 받아들일 수 있는 최저가 입찰을 선정해야 한다. 일단 계약자가 선정되면 물품이나 서비스의 공급을 위한 계약이 발효될 것이다.

> *계약(Contract)* : 일반적으로 한쪽이 물품이나 서비스를 공급하는 대
> 가로 상대방으로부터 대금을 받도록 두 당사자간에 이루어지는 약속.
> 사법상 법률 효과의 발생을 목적으로 하며 법적 구속력을 가진다.
>
> *유지계약(Running contract)* : 일정한 기간 동안 보증(warrants)이라는
> 수단을 통해 요청이 있을 때마다 요구받은 물품이나 서비스를 공급
> 하도록 하는 계약. 이런 계약은 특히 유지보수업무와 경미한 사업 및
> 문구류 공급에서 사용된다.

[연습 17]

자신이 속한 조직에서 사용되는 조달 및 입찰과정을 설명하라. 해당 물품의 종류나
예상가격에 따라 차이가 있는가?

---

4. 스프레드시트(Spreadsheets)

가장 흔하게 사용되는 재무관리 도구는 점점 더 많은 개인용 컴퓨터에 장착되고 있는 스
프레드시트이다. 1990년, 스프레드시트 시장은 'Lotus 1-2-3'이 석권했었다. 그러나 그 이후
마이크로소프트 윈도우(Microsoft Windows)에서 구동하는 프로그램들이 아주 많이 만들어졌
다. 1995년 현재, 윈도우에서 구동하는 주요 스프레드시트 프로그램 중 하나는 마이크로소프
트사의 'Excel'이지만 Lotus 1-2-3 같은 도스(DOS) 기반 프로그램들도 여전히 계속 대량으로
판매되고 있다.[8]

스프레드시트는 원래 여러 줄과 칸들이 미리 인쇄된 회계사용 그래프용지이다. 스프레드
시트 소프트웨어는 그 양식을 컴퓨터 내에 거대한 전자종이 형태로 복제해 놓은 것이다.

---

8) 현재로서는 윈도우와 일부 리눅스 운영체제가 일반화되었기 때문에 도스용 프로그램은 거의 사용되지 않고
있다. 한편, 행정자치부와 한국소프트웨어산업협회는 1997년부터 매년 2회에 걸쳐 행정업무용 소프트웨어
적합성 시험을 실시하고 있는데, 이를 통해 인증을 받은 스프레드시트 프로그램으로는 엑셀을 비롯하여
넥셀, 테크다임, 훈민시트 등이 있다(역자 주).

최대 256개 칸과 16,384개 줄을 사용할 수 있는 것이 전형적이다(컴퓨터 스크린은 실제로는 그렇게 큰 종이 중에서 작은 부분에만 접근을 할 수 있게 해주는 창문이다).

스프레드시트 소프트웨어의 주요한 이점은 일단 스프레드시트가 설정되어 있으면 하나를 바꾸면 자동적으로 관련된 숫자가 모두 바뀐다는 점이다. 기본적으로 이 소프트웨어는 대량의 계산과 검산, 그리고 그에 따르는 실수의 위험성을 배제시켜 준다.

스프레드시트를 이용하기 전에 목적이 무엇인가를 분명히 해야 한다. 스프레드시트 프로그램을 사용하는 장점에는 다음과 같은 것들이 있다.

- 속도
- 지루한 산술적 계산과 거기에 필연적으로 따르는 실수 가능성의 배제
- 예산의 용이한 변경
- 일련의 선택사항을 작동시켜서 여러 다른 행동의 결과를 빨리 알아볼 수 있는 '가상' 시나리오 능력

그렇지만 스프레드시트 프로그램을 사용하는 데에는 중요한 단점들도 있다.

- 예측을 하는 메커니즘에는 그다지 깊이 관여하지 않기 때문에 판단상의 오류를 저지르기가 좀더 쉽다.
- 스프레드시트를 작성하면서 공식을 잘못 적용하거나 또는 특정 데이터를 잘못 입력할 수 있다.
- 모델을 프로그래밍하려면 스프레드시트 프로그램에 대한 실용적인 지식을 습득할 필요가 있다.
- 숫자가 깔끔하고 보기 좋은 모양으로 컴퓨터에 의해 인쇄되어 나온다는 사실이 '모양이 좋으므로 틀림없이 옳을 것이다!'라는 잘못된 안전 의식으로 유도할 수 있다.

예산과 현금출납부를 작성하는데 컴퓨터를 사용하는 것은, 그것을 주의 깊게 이용한다면 추천할 만하다. 관리자가 스스로 무엇을 하려고 하는지 그리고 그 임무를 수작업으로 어떻게 수행할지를 알지 못한다면, 그(녀)는 컴퓨터를 사용해서도 올바른 결과를 얻을 수 없다. 만약 관리자가 자신이 무엇을 하려는지 안다면 스프레드시트 프로그램을 사용함으로써 많은 시간을 절약하고 여러 가지 서로 다른 시나리오로 실험을 할 수 있다.

소액지급자금

일자 : 15/09/99

A. 전기 기장   (20/07/99)

현금 잔액	516.21	
차액	0.00	
현금 입금	500.00	09/09/99
현금 입금	500.00	14/09/99
합계	1,516.21	

B. 현재 기장

현금	791.68
100/7130	50.00
100/7720	21.52
100/7750	6.48
100/7780	69.88
100/7800	10.50
106/5900	3.00
121/5560	85.00
144/5780	74.96
145/5750	12.99
148/5560	31.00
149/5500	15.00
168/5560	100.00
171/5560	50.00
172/5560	50.00
175/5560	50.00
183/5750	4.20
194/5560	35.00
196/5560	55.00
합계	1,516.21

C. 차액

A 합계	1,516.21
B 합계	1,516.21
차액	0.00

표 6 : 스프레드시트의 예

5. 미래에 대한 전망

> 이제까지 공공부문에 속했던 활동들을 민영화하는 움직임이 늘어나고 있는데, 재무관리자들은 예산을 세울 때 이런 경향을 기억할 필요가 있다.

각국 정부에서는 한때 핵심적 공공업무로 인식되어왔던 활동들을 공공부문에서 수행할 필요가 있는지 여부를 자문하는 일이 늘어나고 있다. 점점 더 많은 업무들이 한꺼번에 또는 부분적으로 공공부문에서 민간부문으로 옮겨가고 있다.

- 민간부문으로 외주를 주게 될 업무 분야가 있는가?
- 공공부문에 남아야 하지만 정부로부터 '어느 정도 거리를 두고' 처리할 수 있는 업무 분야가 있는가?
- 다른 기관이 좀더 값싸게 서비스를 제공할 수 있기 때문에 포기해야 할 업무 분야가 있는가?
- 좀더 비용효과적으로 서비스를 수행할 방법이 있는가?

공공부문 관리자들이 민간부문을 이해하고 그 도전에 대응할 준비를 갖추어야 할 필요성이 늘어나고 있다. 다음과 같은 중요한 문제들이 있다.

- 해당 기관이나 부서의 핵심활동은 무엇인가?
- 핵심활동을 위협하지 않으면서 다른 조직에 외주를 줄 부문이 있는가?
- 기관이나 부서의 활동 중 다양한 면에 관련된 실제 비용은 얼마인가?

요약

제3과에서는 다음 제목들 아래에서 효과적이고 효율적인 재무관리의 이론과 실제에 대해 다루었다.

자금의 출처

- 공적자금은 해당 기관의 전략계획을 통해 계획되고 통제된다.
- 각 기관들은 완전한 재정적 자율권을 갖고 있지 못할 것이다.
- 공적자금은 정부가 달성하려고 하는 목적에 대해서만 배정된다. 통제와 감사과정이 반드시 확립되어야 한다.
- 차기 회계연도에 대해 상세한 지출 예산요구서(estimates of expenditure)가 마련될 것이다.
- 그 시점은 해당 국가에서 어떤 회계연도를 사용하는가에 따라 다를 것이다.

예산편성

- 예산편성이란 기관이나 프로젝트의 목적을 달성하는데 필요한 미래의 지출을 예측하는 것에 관한 것이다.
- 최근의 정확한 정보를 획득할 필요가 있다. 지나치게 낙관적인 계획 수립과 견적을 피해야 한다. 과거 예산의 결과(outcomes)를 검토하라. 그리고 예비비를 계상하라.

비용 산출

- 비용은 고정비용과 변동비용으로 나눌 수 있다. 고정비용은 활동수준에 따라 바뀌지 않는다. 변동비용은 활동수준이 높아질수록 증가한다.
- 서비스를 제공하는데 관련된 프로젝트의 비용을 산출하려면 비용을 직접비용과 간접비용으로 구분할 필요가 있다. 간접비용의 일정 비율이 해당 프로젝트나 서비스에 배정되어야 한다.
- 임대료, 전화비와 여비 같은 경상비는 간접비용의 주요 구성요소이다.
- 상대적으로 비싼 경향이 있는 자본재의 구입은 대금납부기일까지 반드시 자금이 확보될 수 있도록 예측을 신중하게 해야 한다.
- 프로젝트 기간이 일년 이상인 경우, 예측과정에서 비용증가 가능성(인플레이션)을 고려해야 한다.

조달

- 물품이나 서비스에 대해서는 성능이나 품질 수준을 포함하여 정확한 명세서가 마련되어야 한다.
- 경쟁입찰을 위해서는 보통 공급업자가 최소한 셋 이상 응찰해야 한다.
- 통상적으로 기술적 요건과 계약상 요건을 만족시키는 최저가 응찰자가 선정된다.

미래에 대한 전망

- 해당 기관 또는 그 일부가 민간부문으로 옮겨질 가능성 여부를 고려할 필요가 있다.
- 현재는 자체적으로 제공되지만 보다 저렴한 비용으로 외부에서 제공될 수 있는 서비스를 찾아낼 필요가 있다.

학습문제

1. 대부분의 정부에서 책임 있는 부처와 기관들이 수행하는 세 가지 재무기능을 설명하라.

2. 회계담당관의 역할을 설명하라.

3. 재무거래나 제안에 관한 다섯 가지 원칙을 설명하라.

4. 예산요구서를 정의하라.

5. 예산이란 무엇인가?

6. 예산을 개발하고 결정하는 다섯 단계를 설명하라.

7. 다음 용어들을 정의하라.
   고정비용
   변동비용
   직접비용
   간접비용
   자본비용
   운전비용

8. 서비스 비용을 산출할 때 고려되어야 할 직접비용 세 가지를 열거하라.

9. 서비스 비용을 산출할 때 고려되어야 할 간접비용 세 가지를 열거하라.

10. 경상비를 정의하라.

11. 경상비로 간주될 수 있는 비용 다섯 가지를 열거하라.

12. 기자재나 비품의 수입을 고려할 때 생각해야 할 점 다섯 가지는 무엇인가?

13. 구매요구서를 정의하라.

14. 입찰안내서란 무엇인가?

15. 계약이란 무엇인가?

16. 계약과 유지계약의 차이는 무엇인가?

17. 스프레드시트란 무엇인가?

18. 전자적 스프레드시트 프로그램 사용의 장점과 단점을 세 가지씩 열거하라.

19. 공공업무 관리자가 미래에 재무관리 계획을 수립할 때 고려해야 할 점 네 가지를 들라.

연습 : 조언

연습 12-17

이 연습문제들 역시 이 과에 제시된 정보를 자신이 속한 조직에서 실제로 사용하는 방법들과 비교하도록 도와주려는 것이다. 이 연습들은 또한 일반적인 재무원칙과 문제점을 이해하고 그것들이 자신의 조직 내에서 어떻게 적용되는지를 알 수 있게 도와주도록 만들어졌다.

'정답'이나 '오답'이란 없으며, 당신은 이 문제들 중 많은 부분을 심도 있게 조사하거나 변화를 위한 구체적 제안을 할 위치에 있지 않을 수도 있다. 그렇지만 이 연습을 활용해서 될 수 있는 대로 많이 배워야 할 것이다.

물적자원의 관리

제4과에서는 자원방정식(resources equation) 중 세 번째 요소인 물적자원을 다룬다. 물적자원은 직무수행에 필요한 도구이다. 적절한 도구가 없다면 기록관리 업무가 제대로 이루어질 수 없다.

따라서 이 과에서는 기록관리 분야의 관리자들에게 다음 사항에 대해 개략적으로 설명한다.

- 건물(accommodation)
- 기자재(equipment)
- 서비스(services)
- 비품(supplies)의 조달과 관리

1. 건물

기록은 부피가 크다. 그것들을 보관하고 취급하려면 상당한 공간이 필요하다. 또한 고유한 물리적 특성을 가지고 있기 때문에 특수한 조건을 갖춘 보관 및 처리 공간이 필요하다.

실용적 목적에서, 기록관리 업무에 필요한 건물은 두 가지 영역으로 나누는 것이 유용하다.

1. 자료관과 영구기록보존소 같은 특수 건물
2. 기관의 문서과 같은 사무용 건물

새로운 자료관이나 영구기록보존소를 신축하는 것이나 기존 건물을 그런 용도로 변경하는 것, 또는 기관 내에 새로 문서과를 설치하는 것도 중요한 프로젝트이며 신중한 기획이 필요하다. 기록용 건물에 관련된 특수한 문제들 몇 가지를 아래에서 논의하려고 한다.

> 프로젝트 기획은 『기록관리의 전략계획』(Strategic Planning for Records and Archives Services)에서 더 상세하게 다룬다.

기록관리기관의 예산 중 가장 비싼 항목은 인건비에 뒤이어 건물이 되기 쉽다. 건물이나 대지가 정부 소유인 경우에 조차도 조직에 직접 요금이 부과되지는 않더라도 실제로는 여전히 비용이 든다. 대지나 건물을 기록용도로 사용하지 않는다면 어떤 다른 용도로 사용하거나 임대를 하거나 아니면 민간부문에 팔 수도 있을 것이다.

더구나 대지 구입과 건축 또는 임대 등 자본비만 고려하면 되는 것이 아니다. 유지비와 관리비 등 지속적인 운전비용도 들어간다.

특수 건물

영구기록보존소

> **영구기록보존소(*Archival repository*)** : 영구기록을 보존하고 참조용으로 이용하는데 사용되는 건물 또는 건물의 일부분. 'Archives'라고도 한다.

영구기록보존소는 영구기록의 보존과 참조를 위한 안전하고 환경적으로 통제된 시설이어야 한다. 이점으로 인해 건축과 설비 기준이 엄격해야 하며 따라서 일반적인 사무용 건물보다 건축비와 운영비가 더 많이 들게 된다.

영구기록보존소는 일차적으로 기능적이어야 하는 반면에 국립기록보존소(National Archives)는 중요한 국가기관이므로 그 터가 매력적이고 잘 관리되어야 하며 인상적인 외관을 갖추어야 한다.

> 영구기록보존소 건물의 조건에 대해서는 『기록보존소의 기록관리』(*Managing Archives*) 와 『기록물 보존』(*Preserving Records*) 에서 더 상세하게 다룬다.

자료관

> **자료관(*Records centre*)** : 최종적 처리(disposal)를 기다리는 준현용기록의 저비용 보관, 관리 및 활용을 위해 설계되거나 변경된 건물 또는 건물의 일부

자료관은 영구기록보존소만큼 엄격한 환경적 통제가 필요하지 않으며 사무용 건물만큼 정확한 마감 기준(standard of finish)이 요구되지 않지만, 여전히 고도의 안전이 보장되어야 할 필요가 있다. 그러므로 자료관의 건축비와 운영비는 영구기록보존소보다 적게 들 것이며 사무용 건물보다 적게 들어야 한다.

자료관 건물의 조건에 대해서는 『자료관의 기록관리』(Managing Records in Records Centres)에서 더 상세하게 다룬다.

사무실 건물

사무실 건물은 모든 기록관리 프로그램에서 중요한 요소이다. 현용 기록의 접수, 등록, 파일, 대출 작업이 이루어지는 문서과와 현용기록을 보관하는 파일보관실(file stores)은 한 기관의 사무실 건물 속에 들어 있다. 기관의 기록관리자의 목표는 기록 용도로 적절하고 알맞은 건물을 확보하고 그것을 경제적이고 효율적으로 활용하는 것이다.

공간이란 값비싼 상품이므로 그 용량을 최대한 충분히 활용해야 한다. 또한 공간은 쉽게 늘리고 줄일 수 있는 것이 아니다. 그러므로 기록관리자는 배정된 공간을 최대한 사용할 수 있도록 사무실 배치와 업무 흐름 절차에 대한 계획을 세워야 한다.

건물의 공간 요건은 대체로 다음 요소들에 의해 좌우된다.

- 직원수
- 기록의 양
- 작업의 성격(적절한 분류 공간(sorting areas) 등)
- 사용하는 기자재의 유형(파일링 캐비닛, 규격화된 서가(modular shelving units), 기계화된 파일링 기자재 등)
- 행정업무 공간의 필요성

기록업무에 필요 이상으로 넓은 공간이 배정되는 일은 거의 없으므로 공간 수요의 근거는 현재의 이용 수준과 유형뿐만 아니라 장래의 성장에 바탕을 두어야 한다.

기관 내 문서과의 건물 조건에 대해서는 『현용기록 : 생산과 관리』(Organizing and Controlling Current Records)에서 더 상세하게 다룬다.

공간계획

생애주기의 모든 단계에 걸쳐서 기록관리 업무용 건물을 효율적이고 경제적으로 이용하는데 중요한 요소는 신중한 공간 활용계획이다. 여기에는 다음과 같은 것이 포함된다.

- 최대한 효율적인 공간 활용이 이루어지도록 가구와 기록 보관을 비롯한 각종 기자재 등의 물리적 요소를 배정된 평면 내에 구성하는 일
- 합리적이고 매력적이고 바람직한 직원의 업무 공간을 마련하는 일
- 업무흐름이 효율적으로 이루어지도록 계획하는 일
- 감독이 잘 이루어지도록 하는 일

생애주기의 모든 단계에 걸쳐서 기록관리 업무에서는 직원과 이용자보다 기록이 더 많은 공간을 차지할 것이다. 공간계획에서 가장 중요한 것은 다음 두 가지이다.

1. 기록과 영구기록의 유형과 성격
2. 기록이나 영구기록 보관 기자재의 수량과 융통성

기록용 건물을 계획할 때는 기록의 보존과 안전을 고려해야 한다. 여기에는 다음과 같은 것이 포함된다.

- 자연재해나 이상기후 같은 자연적 요소로부터의 보호
- 무단 접근, 도난이나 사고로 인한 훼손이나 분실로부터의 보호

> *기록의 보관, 보존 및 안전을 위해서는 특별한 설비가 필요하다.*

특별한 안전 조치나 프라이버시 보호가 필요한 기록은 그 내용을 지키기 위해 적절한 보호를 받아야 한다. 즉, 기록을 안전한 장소에 보관하거나 안전한 기록보관용 기자재를 제공해야 한다.

기록 자체의 성격 역시 공간계획에 영향을 미친다. 기록을 담고 있는 매체, 이용 빈도, 기록에 접근하고 처리하는 사람 수는 모두 건물이 어떻게 설계되어야 하는지에 영향을 준다. 자기디스크와 자기테이프 같은 전자매체와 시청각매체는 정보의 손상이나 손실이 일어나지 않도록 적절히 관리하기 위해서 특별한 환경적 통제가 필요하다.

기록보관에 사용되는 기자재의 유형도 역시 공간계획에 영향을 준다. 기록은 무겁다. 그렇기 때문에 신축 건물인 경우에는 건물의 하중이 언제나 명시되어야 하며, 기존 건물을

사용하는 경우에는 하중을 측정해야 한다. 사무실 환경에서는 고밀도 기록보관 기자재보다 파일 캐비닛이 옮기기도 쉽고 가볍기 때문에 바닥에 하중 부담을 덜 준다. 반면에 고밀도 보관기자재는 바닥 하중이 견디기만 한다면 기록을 보관하는데 가장 비용효과적인 방법이다.

기록보관용 기자재에 대한 평면 공간배정을 할 때 중요한 고려사항 두 가지가 더 있다. 통로 공간과 천장 공간이 그것이다.

기자재를 두는데 필요한 평면 공간을 계산할 때는 통로 조건, 즉 기록을 꺼내기 위해 안전하고 쉽게 접근할 수 있도록 보관용 기자재 사이나 또는 서가 사이에 필요한 공간을 포함시키는 것이 중요하다.

천장 공간이란 기자재의 최상단과 천장 사이의 공간을 말한다. 이 공간은 공기순환이 잘 이루어질 수 있도록 적절히 확보되어야 하지만, 너무 넓으면 공간 낭비가 된다. 기자재 위쪽의 공간이 많으면 기록보관용 기자재를 더 놓을 수도 있다. 그러나 건강과 안전요소가 고려되어야 한다. 적절한 지지나 강화조치 없이 또는 사다리나 발판 같은 적절한 접근도구를 갖추지 않고 기자재를 너무 높이 쌓는다면 직원과 기록에게 위험할 수 있다. 일반적으로 서가를 높이 세우는 것보다는 적층식 플로어(mezzanine floor)[9]를 두는 편이 더 쉽고 안전한 조치이다.

파일 캐비닛은 절대로 이중으로 쌓아두지 말아야 한다.

배치

문서과, 자료관 및 영구기록보존소의 배치(layout)는 업무 흐름에 따름으로써 각 업무 구역 사이에 동선 및 이동 거리가 최소화되도록 해야 한다. 관리자는 업무 절차나 책임상의 주요한 변동이 사무실 배치에 반영되어야 한다는 점을 염두에 두고 정기적으로 업무 절차를 점검해야 한다.

> 모든 사무실 배치는 업무 흐름을 *따라야* 한다.

건물의 배치에 대한 일반적 지침 몇 가지를 들면 다음과 같다.

- 통행이 빈번한 통로에 보관용 기자재나 기타 기자재를 두어 방해가 되지 않도록 한다.

---

9) 공간을 두 층으로 나누어 사용함으로써 수용력과 가용면적을 늘려주기 때문에 공장과 물류업체 등의 창고를 비롯해서 많은 부문에서 사용하는 종합보관시스템(역자 주).

- 서로 다른 업무 구역은 분명하게 상호 분리시켜야 한다(예컨대 영구기록보존소의 보관 구역과 이용구역).
- 각 업무구역 내에서는 공간을 여러 개로 분리하는 것보다 하나로 크게 사용하는 쪽이 조명, 환기, 감독 및 커뮤니케이션 면에서 더 낫다.
- 직원의 상관이나 이용자들은 업무 구역을 잘 볼 수 있어야 하지만, 가능하다면 개인적인 업무 공간 역시 있어야 한다.
- 가장 지배적인 업무 흐름을 파악해서 그것에 가장 높은 우선순위를 주어야 한다.
- 기록의 불필요한 유통이나 반복적 업무 흐름, 그리고 직원이나 이용자의 불필요한 동선을 피해야 한다.
- 직원이 특정한 기록에 대해 책임을 맡고 있는 경우에는 가능한 한 가까이 편리하게 위치시켜야 한다.
- 작업대의 위치를 창문에 맞대게 두지 말아야 한다. 자연광은 사람 뒤쪽에서 비치도록 해서 눈부심과 눈의 피로를 줄여야 한다.
- 복사기 같이 소음이 나는 기자재는 방음이 되는 방이나 구역에 두어 소음 정도를 줄여야 할 것이다.
- 어떤 전기 기구에도 사용할 수 있는 전기 콘센트를 충분히 갖추어야 한다. 연장용 전선(extension leads)의 사용은 피해야 한다.
- 기계 기자재나 전기 기자재의 위치는 유지보수 담당자가 정규 업무활동을 방해하지 않으면서 기자재에 안전하게 접근할 수 있는 곳이어야 한다.

[연습 18]

자신이 근무하는 기관에서 건물을 바꾸기 위해서 건물의 품질을 평가하는 책임을 맡고 있다고 가정하라. 앞에서 제시한 정보에 기초해서 새로 짓거나 개조하는 시설에 포함시킬 요소나 품질을 최소한 열다섯 가지 이상 열거한 '요망사항 리스트'(wish list)를 작성하라. 각 요소에 대해 왜 그것이 필요하다고 느꼈는지 설명하라.

일단 리스트를 완성했다면, 그 요소들 전부는 안 되고 몇 가지가 될지는 모르지만 그 중 일부만 확보할 수 있다는 말을 들었다고 가정하라. 리스트의 각 항목별로 가장 중요한 것부터 가장 중요하지 않은 것까지 우선순위를 매기고, 각 요소에 대해 '매우 비싸다', '약간 비싸다', '비싸지 않다'로 표시하라.

만약 다섯 가지만 바꾸거나 추가할 수 있다면, 무엇을 선택할 것이며 그 이유는 무엇인가?

만약 단 한 가지만 바꾸거나 추가할 수 있다면, 무엇을 선택할 것이며 그 이유는 무엇인가?

2. 기자재

기록관리 업무와 관련해서 관리자는 다음과 같은 다양한 종류의 기자재를 확보하고 유지해야 할 필요성에 직면하게 될 것이다.

- 기록 보관용 기자재(파일링 캐비닛, 서가 시스템 등)
- 수리복원용 기자재(연장, 프레스 등)
- 복제용 기자재(마이크로필름 카메라와 독서기 등)
- 정보기술 시스템(소프트웨어와 하드웨어 등)
- 운송 수단(승용차, 승합차 등)
- 사무용 기자재(타자기, 복사기 등)

어떤 기자재든 간에 그 조달 절차에 착수하기 전에 몇 가지 질문을 할 필요가 있다.

- 그 기자재가 의도한 목적에 들어맞는 적절한 것인가?
- 국내에서 쉽게 구할 수 있는가?
- 기존의 기자재와 같이 쓸 수 있을 것인가?(이것은 정보기술관련 기자재인 경우 결정적이다)
- 구입비와 운전비에 대해서 적절한 예산이 확보되어 있는가?
- 구입하는 것보다 필요할 때 임대하는 편이 더 싸지 않은가?
- 사용법을 쉽게 익힐 수 있는 직원이 있는가?
- 부속품 공급과 유지관리 조치가 되어 있는가?
- 기자재에 사용되는 재료를 쉽게 구할 수 있는가?

조달 과정은 제3과에서 더 상세하게 다루었다.

새 기자재의 구입은 중요한 사업이며 신중한 계획이 요구된다. 기록관리에 사용되는 기자재에 관련된 몇 가지 문제들을 아래에서 논의한다.

전반적인 프로젝트 기획에 대해서는 『기록관리의 전략계획』(Strategic Planning for Records and Archives Services)에서 더 상세히 다룬다.

유지관리

기자재는 항상 좋은 작동상태를 유지해야 한다. 고가의 기자재를 구입하기 전에는 언제나 유지관리 지원(긴급 수리와 정기적 서비스)을 확인해야 한다. 어떤 경우에는 유지관리가 직원의 일상적 업무로 수행될 수도 있지만, 정보기술 기자재처럼 좀더 정밀한 기자재는 전문가가 유지관리를 수행해야 한다. 정부 내에서 전문가를 쉽게 구할 수 없는 경우에는 민간부문에서 유지관리 외주 계약을 해야 한다.

> 조직은 정기적으로 사용하는 모든 기자재의 부품 재고를
> 확보하고 있어야 한다.

기자재의 보호

기자재를 보호해야 할 필요성은 안전관리 시스템의 중요한 요소로 인정받고 있다. 기술발전이 기록관리 기능의 필수적 구성요소가 되면서 도난과 무단 접근의 위험을 줄이는 절차를 반드시 개발해야 하게 되었다.

기자재 보호를 위해 취할 수 있는 조치에는 다음과 같은 것들이 있다.

- 모든 기자재에 대해 각각 구입일자, 일련번호, 가격 및 소재 위치를 표시한 물품대장을 만들어 둔다.
- 모든 기자재에 식별번호나 물품대장번호를 붙여둔다.
- 휴식시간, 점심시간, 그리고 직원들이 연장근무를 할 때 기자재를 감독하고 관찰한다.
- 기자재를 책상이나 탁자에 부착하며, 휴대용 기자재인 경우에는 사용하지 않을 때 반드시 잠금장치가 있는 보관 장소에 두도록 한다.
- 규칙적인 육안 점검과 정기적인 물품대장 확인을 계속하도록 한다.

보관용 기자재의 선정

보관용 기자재는 기록을 참조목적으로 검색하는 것을 용이하게 하면서도 안전하게 보관하기 위해 사용된다. 적절한 기자재를 선택하는 데는 다음 몇 가지 요소를 고려할 필요가 있다.

- 보안
- 보관하게 될 기록이나 영구기록의 현재와 미래의 수량과 성격

- 현재와 미래의 이용량과 성격
- 요구되는 검색 속도
- 비용
- 공간 조건

이들 고려사항들은 때때로 상충될 수 있다. 적절한 균형을 찾아야 할 것이다. 이 균형은 목적의 성격에 따라 달라진다. 예컨대 문서과나 자료관에서는 검색 속도가 주요한 고려사항이 되겠지만, 기록보관소에서는 보안과 보존이 더 중요할 것이다.

> *기록보관용 기자재는 다양하며 그 조직의 요건에*
> *기초해서 선택해야 한다.*

기록보관용 기자재의 종류

기록보관 시스템은 매우 다양하므로 위에서 열거한 고려사항들에 비추어 조직의 요건을 확인하고 분석하기 전에 먼저 특정 시스템을 선정해서는 안 된다. 크게 수작업 시스템과 기계화된 시스템으로 나눌 수 있지만 각 영역마다 여러 가지 옵션들이 있다.

수작업 보관 시스템(Manual Storage Systems)

수작업 보관 시스템에서는 기록이나 영구기록에 접근하거나 검색하는 사람이 보관용 기자재로 다가가서 필요한 기록이나 영구기록을 손으로 선택해야 한다. 수작업 보관 시스템이 인기 있는 이유는 비교적 자본비용과 운전비용이 저렴하고 이용하기 쉽기 때문이다.

수작업 보관 시스템에는 다음과 같은 종류가 있다.

표준 버티칼 파일-서랍 캐비닛(standard vertical file-drawer cabinets)은 파일 접근을 위에서부터(또는 수직적으로 - 그래서 이런 이름이 붙여졌다) 하는 방식이다. 서랍을 열어야 그 안에 보관되어 있는 파일 폴더에 접근할 수 있으며, 이로 인해 접근과 검색 시간이 늦어질 수 있다. 이런 종류의 파일 캐비닛은 비교적 옮기기는 쉽지만 보관할 수 있는 기록의 양은 비교적 적다. 이것은 사무실 환경에서 접근/이용 빈도가 낮은 기록용으로 적당하다. 여러 이용자가 동시에 접근하거나 접근/이용 빈도가 높은 기록용으로는 적절하지 않다.

측면 파일-서랍 캐비닛(lateral file-drawer cabinets)은 서랍이 넓은 면 쪽으로 열리고 측면에서 접근할 수 있기 때문에 'side-open filing cabinets' 또는 'open-side filing cabinets'라고도 한다.

이런 종류의 파일 캐비닛은 비교적 빨리 그리고 쉽게 기록에 접근할 수 있게 해준다. 서랍을 열었을 때 그 내용 전체가 보이기 때문이다. 이것은 또 공간이 절약되는데 버티칼 파일 캐비닛의 서랍 전체 길이(약 28인치)에 대비해서 작업통로 쪽으로 약 6인치 정도만 서랍이 열리기 때문이다. 문서과에서 접근/이용 빈도가 높은 기록용으로 적절하다.

개방형 서가시스템(open-shelving system)은 기록이나 영구기록을 책꽂이와 비슷한 개방형 수평 서가에 보관하는 것이다. 이런 종류의 기록보관용 기자재의 주요 장점은 문이나 서랍이 없기 때문에 접근과 검색 시간이 빨라지고 공간이 절약되며 파일 캐비닛보다 높이 쌓을 수 있으면서도 쉽게 접근할 수 있다는 것이다. 이런 종류의 기록보관용 기자재는 보통 보안 보관구역 자체가 무단 접근을 막아주는 파일보관소, 자료관 및 영구기록보존소 용으로 추천된다.

기계화된 보관 시스템

이런 종류의 기록보관용 기자재는 기록을 보관하는데 수동으로 작동하거나 모터로 작동하는 기계 장치를 이용한다. 이런 종류의 기록보관용 기자재는 대체로 공간을 절약하고 검색 및 접근 시간을 줄여주기 때문에 흔히 고밀도 기록보관용 기자재라고 일컬어진다. 이런 종류의 보관용 기자재 안에 보관되어 있는 기록이나 영구기록을 서가에 놓고 검색하는 일은 여전히 수작업으로 이루어진다.

기계화된 보관용 기자재의 주요 유형은 다음과 같다.

이동서가(mobile shelving)는 일명 이동식 통로서가(mobile aisle shelving) 또는 밀집서가(compact shelving)라고도 하며 바닥에 설치된 트랙 위에서 움직인다. 하나의 서가군(bank of shelving)에는 통로용 공간이 하나밖에 없지만 그 공간의 위치는 각 서가들이 이동함에 따라 변한다. 그 이동은 손이나 전기 모터로 할 수 있다. 이동서가는 고정서가시스템의 경우에 통로용으로 필요한 비생산적인 공간이 없기 때문에 공간 절약이 된다. 반면에 비용이 더 많이 들고, 정기적 유지관리가 필요하며 여러 이용자가 동시 접근하는 데는 적당하지 않다.

로터리 파일 또는 다층 기록보관시스템(rotary file or multi-tired records storage systems)은 유원지에 있는 큰 바퀴모양의 회전전망차(ferris wheel)같은 방식으로 중심축이나 바퀴에 붙어 있는 서가 또는 선반들을 돌려서 기록에 접근하는 것이다. 회전은 손이나 전기모터로 할 수 있다. 이런 종류의 기록보관용 기자재는 주로 색인카드와 마이크로물을 보관하는데 사용된다.

동력 회전목마 또는 수평 컨베이어시스템(power carousel or horizontal conveyor system)은

로터리 파일과 같은 원리를 이용하지만 회전전망차가 아니라 회전목마 방식을 따른다. 이 시스템은 제한된 공간 내의 기록보관에 있어서 보관용량과 효율성을 높여주며 접근과 검색 시간을 상당히 빠르게 해주지만 복수 이용자의 동시 이용이나 접근 빈도가 높은 기록에 대해서는 최선의 해결책이 아니다.

보존 및 수리복원용 기자재

생애주기의 모든 단계에 걸쳐서 기록을 보존하려면 보관 구역 내에서 레코드키핑을 잘하도록 하는 것이 필요하다. 그러므로 청소용 기자재가 필요하다. 보통은 지역에서 생산한 수작업용 청소도구로 그 일을 하게 되지만 산업용 진공청소기가 더 효율적일 것이다.

대부분의 국립기록보존소는 수리복원 작업장(conservation workshop)을 갖는 것을 원하겠지만 가장 발전된 수리복원 작업장을 제외하면 처음에는 기본적인 수작업 수선을 하는데 필요한 작업대, 연장, 프레스 이상의 기자재는 필요하지 않을 것이다. 충진기(leaf-casting machine)[10]나 캡슐포장 기계(encapsulating machine)[11] 같이 좀더 고도의 기자재는 전문적 자문을 받고 기자재에 관해 이 절의 도입부에서 나열한 고려사항들을 모두 고려하고 난 후에 구입절차를 밟기 시작해야 한다.

보존과 수리복원용으로 필요한 기자재는 『기록물 보존』(Preserving Records)에서 더 상세하게 다룬다.

복제용 기자재

모든 문서과, 자료관 및 영구기록보존소에는 최소한 사무용 복사기와 마이크로물 독서기나 독서기-프린터 등의 복제용 기자재들이 필요하다.

대부분의 국립기록보존소에서는 마이크로물 제작용 기자재 등 보다 더 광범위한 복제용 설비를 갖추려고 할 것이다. 그렇게 하려면 일련의 마이크로물 카메라, 현상기, 복제기와 독서기의 조달이 필요하다. 그런 기자재들은 전문적 자문을 받고 기자재에 관해 이 절의 도입부에서 나열한 고려사항들을 모두 고려하고 난 후에 구입절차를 밟기 시작해야 한다.

---

10) 종이섬유를 물에 띄우고 물높이에 변화를 주어 밑에 놓인 기록의 결손 부분에 물을 따라 흘러내린 종이섬유가 메워지게 하는 수리복원기법인 충진법에서 사용하는 기계(역자 주).

11) 훼손된 문서에 중성 폴리에스터 필름을 씌어서 보존하는 수리복원기법인 폴리에스터 캡슐포장에 사용하는 기계(역자 주).

정보기술시스템

우리는 정보기술(IT) 덕분에 좀더 쉽게 정보에 접근할 수 있고, 보다 신속하고 정확하게 업무처리를 완수하고 직원들을 지원하며 비용을 줄일 수 있다. 컴퓨터를 비롯한 정보기술 요소들은 이제 우리 생활의 한 부분이 되었으며 직장에서는 점점 더 일상적인 것이 되어가고 있다.

IT 시스템은 다음 세 가지로 이루어진다.

- 하드웨어(컴퓨터, 디스플레이 화면, 프린터, 모뎀)
- 소프트웨어(시스템을 운영하는 프로그램)
- 데이터(시스템에 의해 관리되는 정보)

이 과에서는 하드웨어와 소프트웨어를 반드시 조달해야 할 것이며 데이터는 조직에서 자체적으로 생산될 것을 전제로 하고 있다.

정보기술을 활용한다는 결정은 조직의 환경, 수요, 우선순위에 기초한 강력한 경영직 접근법(business-case approach)에 의거해서 내려져야 한다. 단순히 기존의 수작업 시스템을 컴퓨터화 하는 것으로는 충분하지 않다. 혼란스러운 상황을 컴퓨터화 하는 것은 컴퓨터화 된 혼란스러운 상황만을 만들어낼 뿐이다. 새로운 IT 시스템은 현재의 업무 관행보다는 조직의 요구에 따른 신중한 프로젝트 기획 과정을 거쳐서 확보되어야 한다.

> 새로운 IT 시스템의 조달은 주요한 기술혁신으로
> 취급되어야 한다.

전반적인 프로젝트 기획에 대해서는 『기록관리의 전략계획』 (*Strategic Planning for Records and Archives Services*)에서 더 상세하게 다룬다.

관리자는 IT 및 그 모든 관련사항에 대해 정통할 필요는 없지만, IT 시스템 전문가와 함께 일할 필요가 있으며 IT 시스템을 도입하기 위해 사전에 신중하게 숙지하고 분석해야 할 몇 가지 요소들에 대해서 잘 알아야 한다. 그 요소들은 다음과 같다.

- 기록관리 시스템 내에서, 그리고 문서과의 경우에는 기관 내에서 쓰고 있는 기존의

하드웨어 및 소프트웨어와 도입하려는 하드웨어 및 소프트웨어의 호환성

- 운영 조건(예컨대 저장 및 기억용량, 일괄처리(batch processing) 또는 주문처리 (on-demand processing)가 기준이 될 것인지 여부)
- 규칙적이고 안정된 전원(백업 포함)의 존재
- 하드웨어를 둘 수 있는 적절한 건물의 확보
- 하드웨어의 정기적 유지관리와 적시 수리 및 소프트웨어의 문제 해결을 포함한 서비스 측면
- 근거리통신망(local area networks, LAN) 및 원거리통신망(wide area network, WAN)을 통한 다중이용환경의 잠재성
- 현재 설치되어 있거나 앞으로 받아들일 것으로 예상되는 다른 기술과 컴퓨터 기술이 조화를 이룰 필요성

> *기록관리 업무에 사용되는 정보기술 시스템의 요건은 『기록관리 전산화』(Automating Records Services)에서 더 상세하게 다룬다.*

운송수단

기록관리 업무에서는 사람, 기록 및 기자재를 수시로 옮길 필요가 있다. 그러므로 자동차를 활용할 수 있도록 준비할 필요가 있다. 업무 수행 중에 이동할 필요가 있는 기록관리 직원을 위해서 승용차가 필요할 것이다. 소량의 기록이나 부피가 작은 기자재를 옮기려면 승합차가 필요할 것이다. 다량의 기록이나 무거운 기자재를 옮기려면 트럭이 필요할 것이다.

이러한 요구조건을 만족시키는 방법에는 다음 세 가지가 있다.
1. 기관이나 정부의 차량 풀(transport pool)에 요청
2. 필요할 때 임대(운전자 포함 또는 자가운전)
3. 구입

실제로는 이 세 가지를 병행해서 활용하게 될 것이다. 예를 들어서 사람, 기록 및 기자재의 정기적 운송을 위해서는 다목적 차량을 구입할 것이다. 가끔 생기는 직원의 여행을 위해서는 택시나 미니버스를 이용하고, 대규모 기록 이동을 위해서는 트럭을 빌리거나 차량 풀을 이용할 것이다.

사무용 기자재

앞에서 다룬 특수한 기자재 외에도 어떤 사무실에서나 공통적으로 쓰는 다음과 같은 기자재들이 필요하다.

- 책상, 탁자와 찬장 같은 가구
- 천공기나 드릴
- 스테이플러(수동이나 전동)
- 가위와 종이 커터
- 타자기(컴퓨터상의 워드프로세싱 시스템으로 대체되고 있는 중이다)
- 사무용 복사기
- 발판이나 짧은 사다리

[연습 19]

이번 연습은 지난 번 연습과 같되 다만 시설이 아니라 기자재에 초점을 맞춘다.

향후 기자재 교체를 염두에 두고 자신이 근무하는 조직체가 가지고 있는 기자재의 품질을 평가하는 책임을 맡고 있다고 가정하라. 위에서 제시한 정보에 기초해서 새로 갖추고 싶은 기자재를 최소한 열다섯 가지 이상 열거한 '희망사항 리스트'를 작성하라. 각 요소에 대해 왜 그것이 필요하다고 느꼈는지 설명하라.

일단 리스트를 완성하고 난 후, 다시 가장 중요한 것부터 가장 중요하지 않은 것까지 우선순위를 매기고, 각 항목의 기자재에 대해 '매우 비싸다', '약간 비싸다', 또는 '싸다'로 표시하라.

만약 다섯 항목만 선택할 수 있다면, 무엇을 선택하겠으며 그 이유는 무엇인가?

만약 한 항목만 선택할 수 있다면, 무엇을 선택하겠으며 그 이유는 무엇인가?

---

3. 서비스

기록관리 업무를 하는데 필요한 서비스에는 다음과 같은 것들이 있다.

- 전기 공급
- 수도 공급
- 통신(우편, 전화, 팩스, 인터넷)

이 분야는 모두 공급자가 대개 하나뿐일 것이다(대체로 정부나 공기업이다). 관리자는 선택권이 없이 그런 공급자로부터 서비스를 받을 수밖에 없다. 그렇지만 어떤 업무들은 규정된 수준의 품질을 갖춘 전기(예컨대 IT 서비스의 경우)나 수도(예컨대 복제 서비스의 경우)의 꾸준한 공급에 크게 의존한다. 만약 그런 서비스의 질이 보장되지 못한다면 기자재의 조달은 의미가 없어진다.

그 밖에도, 자체적으로 공급하는 것보다 비용이 적게 들고 효율적이라면 민간부문의 서비스를 이용하는 것이 정부의 정책일 것이다(예컨대 청소, 식당 운영, 건물 관리 또는 급여 관리). 그런 분야에서는 선택의 범위가 더 넓어진다.

> *서비스 공급의 신규 계약은 신중한 프로젝트*
> *기획 과정을 거쳐야 한다.*

> *전반적인 프로젝트 기획에 대해서는 『기록관리의 전략계획』*
> *(Strategic Planning for Records and Archives Services)에서 더 상세하게 다룬다.*

서비스 계약을 고려할 때는 비용뿐만 아니라 계약자 측에서 내놓는 서비스 제공 조건도 결정해야 한다. 규정된 조건을 충족시키지 못하면 조기에 계약을 종결할 수 있어야 한다.

[연습 20]

자신이 속한 조직에서는 현재 어떤 서비스를 이용하고 있는가? 그 서비스들은 정부에서 공급하는가 아니면 민간부문과 계약되어 있는가?

---

4. 비품

기록관리 업무 전 분야에 걸쳐 효율성을 유지하려면 종이와 파일 표지에서부터 마이크로필름과 디스켓에 이르는 물품이 필요하다. 해당 비품이 적절한 재고 수준을 유지하려면 예산을 세울 필요가 있다. 비품의 적정 수준은 재료, 이용 빈도, 보충의 용이성, 그리고, 경우에 따라서는, 보존기간에 따라 다를 것이다. 물품을 외국에서 확보해야 하는 경우에는 처음에는 2년분을 구입하는 것을 기준으로 예산을 세우고 다음에는 실천 경험에 비추어 매년 1년분을 기준으로 재고를 유지하는 것이 좋을 것이다.

물품이 효율적으로 사용되도록 하는 것이 중요하다. 이를 위해서는 다음과 같은 사항을 보장하는 건실한 재고관리 시스템을 도입할 필요가 있다.

- 물품이 적절하고 안전하게 보관된다.
- 오래된 재고품이 먼저 사용된다.
- 물품은 필요한 수량만큼만 아껴서 방출된다.
- 물품은 오용이나 도용되지 않는다.
- 재고가 떨어지기 시작하면 적절한 시기에 보충된다.

[연습 21]

누구에게 묻거나 비품을 두는 곳을 점검하지 말고, 자신이 속한 조직에서 이용하고 있다고 생각되는 모든 비품의 리스트를 직성하라. 다시 누구에게도 묻지 말고, 각 비품마다 조직 내에서 직원들에 의해 매달 얼마나 많이 소모될지를 추정하라.

일단 리스트를 다 작성하고 예측을 끝내고 나면, 비품 담당자와 리스트를 점검하고 자신의 추정이 얼마나 정확했는지 확인하라.

요약

제4과에서는 기록관리 분야 관리자들에게

- 건물
- 기자재
- 서비스
- 비품의 조달과 관리에 대해 설명하였다.

생애주기의 모든 단계에 걸쳐서 기록관리 업무용 건물의 효과적이고 경제적인 이용의 주요 요인으로서 신중한 공간계획의 중요성을 강조했다. 각 업무 구역 사이의 동선과 이동 거리를 최소한으로 유지하면서 업무 흐름의 채널을 따르는 문서과, 자료관 및 영구기록보존소의 설계도 강조했다.

이 과에서는 다음 항목들의 조달에 착수하기에 앞서 제기되는 문제들을 살펴보았다.

- 기록 보관용 기자재
- 수리복원용 기자재
- 복제용 기자재
- 정보기술 시스템
- 운송수단
- 사무용 기자재

전기 공급, 수도 공급, 그리고 통신 서비스 등 기록관리 업무에 필요한 각종 서비스에도 주목했다. 청소, 식당 운영, 건물 관리와 급여 관리 같이 민간 부문에서 제공되는 서비스에 대해서도 살펴보았다. 이 과에서는 다음 사항의 중요성도 강조했다.

- 기자재와 유지관리 서비스를 계속 수행하는데 필요한 재고수준을 유지하는 적절한 물품공급을 위한 예산 편성
- 건실한 재고관리 시스템의 개발

학습문제

1. 특수건물과 사무용 건물간의 차이점을 설명하라.

2. 건물의 공간조건을 결정할 때 고려해야 할 요인을 최소한 다섯 가지로 설명하라.

3. 공간 활용을 계획할 때 고려할 문제 네 가지를 열거하라.

4. 기록업무용 공간을 계획할 때 반드시 고려해야 하는 기록관리 이슈 두 가지는 무엇인가?

5. 문서과, 자료관 및 영구기록보존소의 배치 계획을 세울 때 고려할 지침을 여덟 가지 이상 설명하라.

6. 기록관리 업무에는 어떤 종류의 기자재가 특히 중요한가?

7. 조달 절차에 착수하기 전에 기자재에 관해 제기해야 할 질문을 여섯 가지 이상 열거하라.

8. 기자재를 보호하기 위해 취할 수 있는 네 가지 조치를 설명하라.

9. 보관용 기자재를 선정할 때 고려할 요인을 다섯 가지 이상 열거하라.

10. 수작업 보관 시스템 세 종류를 설명하라.

11. 기계화된 보관 시스템 세 종류를 설명하라.

12. 정보기술시스템이란 무엇인가?

13. IT시스템을 도입할 때 어떤 문제를 고려해야 하는가?

14. 조직 내에서 운송수단을 제공하는 방법 세 가지를 설명하라.

15. 어느 조직에서나 필요할 사무용 기자재의 종류는 무엇인가?

16. 조직은 어떤 종류의 서비스에 의존하는가?

17. 비품 재고를 충분하게 유지하기 위해 취해야 할 다섯 가지 행동은 무엇인가?

연습 : 조언

연습 18-21

이 연습문제들 역시 자신의 생각과 느낌을 이 모듈에서 제공한 정보와 비교할 수 있게 해준다. 이 연습으로 인해서 자신이 관리직위에 있다고 상상하고 일련의 결정을 할 수 있다. 조직 내에서의 자신의 실제 직위가 무엇인가에 따라서 여기에서 다루어진 문제들에 대한 지식이 많기도 하고 적기도 한 것을 알게 될 것이다. 예를 들면, 조직에서 사용하거나 조직이 필요로 하는 건물, 기자재 또는 서비스를 모두 모를 수 있다. 사용되는 모든 비품과 그것이 누구에 의해 사용되는지 모를 수도 있다. 자신이 조직의 물적자원을 크게 과대평가하거나 과소평가해왔음을 깨달을지도 모른다! 이들 연습의 가치는 당신이 물적자원을 관리하는데 관한 복잡한 업무를 알기 시작할 것이라는 데에 있다. 가능하다면, 이 연습문제들에 대한 자신의 답을 자신이 속한 조직의 물적자원관리 담당자와 토의함으로써 자신의 생각을 자기 기관의 상황과 비교할 수 있도록 하라.

다음은 무엇을 할 것인가?

『기록관리의 인적·물적자원』에서는 관리자들이 필수적인 기록관리 업무를 수행하는데 필요한 자원을 확인하고, 확보하여 분배하는데 필요한 지식과 기술을 갖추게 하는데 집중하였다.

특히 다음 자원을 관리하는 원칙과 실제를 다루었다.

- 인적자원
- 재정자원
- 물적자원

1. 활동의 우선순위 결정

이 모듈에서는 공공부문의 기록관리 시스템과 기록관리 업무를 위한 자원을 관리하는 원칙과 실제를 소개했다. 그러나 어떤 임무를 먼저 수행해야 하는가? 어느 것의 우선순위가 높고 어느 것이 낮은가? 각 기관마다 자신의 발전 현황과 필요성, 그리고 장·단기 계획을 바탕으로 해서 다른 결정을 내릴 것이다. 그렇지만 활동에 대한 권고를 제시하고 각 기관이 상황에 맞는 관리시스템을 개발하도록 도와주는 것은 가능하다. 다음 연습을 다 하고 나서 아래의 제안들을 생각해 보라.

[연습 22]

진도를 계속 나가기 전에, 자신이 속한 기관의 상황을 생각하라. 이 모듈을 공부하면서 그리고 조직 내에서 겪은 자신의 경험에 근거해서, 자원관리에 대해 어떤 우선순위를 정하겠는가? 최소한 세 가지의 우선순위를 확인하고, 왜 그것들이 자신의 조직에서 중요하다고 생각하는지를 설명하라.

우선순위 1   현재 관행의 파악

첫 번째로 해야 할 일은 기록관리 직원을 모집하고 유지하는데 관한 현재의 관행과 절차를 확인하는 것이다. 이것은 대체로 다음과 같은 문제에 관해서 자기 조직 내의 현황을 파악하는 과정이다.

- 인적자원 계획
- 관련된 재정과정과 등급설정 과정
- 직원 자원의 확보를 위한 옵션들의 범위
- 직급명세서, 노사관계, 건강과 안전, 고용평등 및 커뮤니케이션을 통한 직원의 확보와 관리

우선순위 2   기관 관행의 평가

다음에 해야 할 일은 직원의 잠재력 개발에 대한 기관의 관행을 평가하는 것이다. 자신의 조직이 다음과 같은 사항을 어느 정도 수행하는지를 측정하는 것이다.

- 훈련, 팀 빌딩, 후임계획 등 노사간 바람직한 관행을 통한 직원개발
- 성과 척도를 비롯해서 직원의 성취도 향상을 돕도록 설계된 일련의 기법을 통해 사람에 투자함으로써 직원을 최대한 이용

우선순위 3   재정계획의 수립

다음 단계는 자신의 조직이 핵심 목표들 중 하나를 달성하는데 도움이 되는 구체적 프로젝트에 대한 재정계획을 세우는 것이다. 여기에는 다음 사항들이 포함된다.

- 어떤 자금원이 언제 필요할 것인지를 정한다.
- 그러한 자원을 어디에서 확보할지를 확인한다.
- 자금이 어떻게 사용되는지를 감시하는 시스템을 확립한다.

우선순위 4   물적자원의 확보

그 다음 순위는 계획을 만족스럽게 완수하는데 필요한 물적자원을 확보하는 것이다. 여기에는 다음 항목들의 조달과 관리시스템 개발이 포함될 것이다.

- 건물
- 기자재

- 서비스
- 비품

2. 도움을 받을 수 있는 곳

많은 기관들은, 특히 자원이 한정되어 있는 국가의 경우, 자원관리에 대한 정보를 쉽게 접하지 못한다. 그러나 더 많은 정보를 얻거나 도움을 받을 수 있는 곳들이 있다.

> *기록관리 전반에 관한 다른 단체와 협회에 대한 정보는 『기록관리 참고문헌』(Additional Resources for records and Archives Management)을 보라.*

국가기관

각 국가마다 자원관리의 여러 다양한 측면에 대한 자문을 해줄 수 있는 다음과 같은 국가기관들이 있을 것이다.

공무원, 재정, 공공사업, 정보기술 등에 대한 책임을 맡은 부처

자원관리에 관한 자국의 관행에 대한 도움

국가행정원(National Institute of Public Administration)

자원관리 문제에 대한 훈련, 자문 및 문헌에 대한 도움

국제 및 국가기관

도움을 얻기 위해 접촉할 수 있는 기관들의 명칭과 주소는 다음과 같다.

Canadian Institute of Chartered Accountants(CICA : 캐나다 공인회계사 협회)

277 Wellington Street West

Toronto, Ontario M5V 3H2, Canada

웹 사이트 : http://www.cica.ca/

CICA는 각 지역별 공인회계사협회와 함께 캐나다와 버뮤다(Bermuda)의 전문 회계사인 회원 60,000명을 대표한다. CICA는 기업, 비영리단체와 정부를 위해 회계 및 감사 기준을 규정한다. 통제와 거버넌스에 대한 지침을 발표하고, 전문서적을 출판하고, 계속교육 프로그램을 개발하며, 국가적으로 또 국제적으로 공인회계사 업계를 대표한다.

Chartered Institute of Management Accountants(공인 관리회계사 협회)

63 Portland Place

London W1N 4AB

United Kingdom

전화 : +44 207 637 2311

팩스 : +44 207 631 5309

웹 사이트 : http://www.cima.org.uk

이 단체는 관리회계학을 장려·발전시키고, 관리회계사들의 전문직 단체 역할을 하며, 관리회계사직에 입문하려는 사람들을 검증하는 것을 목표로 하는 독립 기관이다. 국제적으로 널리 알려져 있는 이 단체는 12,000 명 이상의 회원들이 영국 이외의 120여 개 국에서 활동하고 있다. CIMA 자격조건의 독특함은 다양한 관리 기능을 접하는 것을 매우 강조하면서 회원이 되는데 필요한 기술과 실무 경험을 관련 기업에서 근무하여 얻을 수 있도록 함으로써 유지된다.

Chartered Institute of Public Finance and Accountancy(CIPFA : 공공재정 및 회계 협회)

3 Robert Street

London WC2N 6BH

United Kingdom

전화 : +44 207 543 5600

팩스 : +44 207 543 5700

웹 사이트 : http://www.cipfa.sift.co.uk/

CIPFA는 공공서비스 분야의 회계사들에게 전문적 훈련을 제공한다. 재정 전문가들이 주요한 공공부문 문제에 대한 최신의 사조를 알 수 있도록 설계된 비용효과적이고 적절한 지원서비스도 제공한다.

Commonwealth Association for Public Administration and Management(CAPAM : 영

연방 행정 및 관리협회)

Suite 402-1075 Bay Street

Toronto, Ontario

Canada, M5S 2B1

전화 : +1 416 920 3337

팩스 : +1 416 920 6574

전자우편 : capam@compuserv.com

웹 사이트 : http://www.comnet.mt/capam/

CAPAM의 목적은 정부의 관리능력 향상과 조직우수성 달성 부문에서 영연방의 협력을 고취시키는 것이다. CAPAM은 선출직 공무원과 고위 공무원들, 학계와 비정부단체들 간에 네트워크를 구축함으로써 각국 정부의 관리에 있어서의 새로운 발전과 혁신에 관한 경험을 교환한다. CAPAM은 정부 행정의 모범사례에 대한 정보를 신속하게 접할 수 있게 해준다.

Institute of Chartered Accountants in England and Wales(ICAEW : 잉글랜드와 웨일스 지방 공인회계사 협회)

Chartered Accountants' Hall

PO Box 433

Moorgate Place

London EC2P 2BJ

United Kingdom

전화 : +44 207 920 8100

팩스 : +44 207 920 0547

웹 사이트 : http://www.icaew.co.uk/

ICAEW는 유럽 최대의 전문 회계사 단체이며 그 명성은 전 세계에 알려져 있다. 이 기관의 웹 사이트에서는 여러 관련단체를 링크한 Library of Information Services를 제공한다.

Institute of Chartered Secretaries and Administrators(공인 비서 및 행정가 협회)

16 Park Crescent

London W1N 4AH

United Kingdom

전화 : +44 207 580 4741

팩스 : +44 207 323 1132

웹 사이트 : http://www.icsa.org.uk/icsa

ICSA는 공공, 민간 및 자원봉사 부문에서 활약하는 회사 비서와 단체 운영자들의 선도적 전문직 단체로서 전 세계에 걸친 46,000명의 회원과 27,500명의 학생들을 위한 전문직 포럼 역할을 한다. 이 기관의 사명은 전문적 행정을 장려하는 것이다.

Institute of Personnel and Development(IPD : 인사와 개발 협회)

IPD House, Camp Road

London SW19 4UX

UK

전화 : +44 181 871 9000

팩스 : +44 181 263 3333

전자우편 : ipd@ipd.co.uk

웹 사이트 : http://www.ipd.co.uk/

IPD는 인력관리와 개발 분야의 모범 사례를 회원들과 그들이 속한 단체의 동료 모두 응용 하도록 장려하는데 관심을 가진 90,000여명의 회원으로 이루어진 영국의 선도적인 전문직 단체이다.

International Council on Archives. Committee on Archival Buildings and Equipment(ICA/CBQ)

60 rue des Franc-Bourgeois

75003 Paris, France

전화 : +33 0 1 40 27 63 06

팩스 : +33 0 1 42 72 20 65

전자우편 : 100640@compuserv.com

웹 사이트 : http://www.archives.ca/ICA/

이 ICA 위원회는 기록보존소 건물의 설계, 건축, 개조와 기자재 설치에 관련된 지침과 규 정에 대해 연구하고 초안을 작성한다. 또한 이 분야의 견해와 경험 교환을 장려하는 활동을 한다. ICA는 기록관리에 관한 세계 제일의 국제기관이다.

International Personnel Management Association(IPMA : 국제 인사관리협회)

1617 Duke Street

Alexandria, VA 22314

USA

전화 : +(703) 549-7100

팩스 : +(703) 684-0948

전자우편 : IPMA@IPMA-HR.ORG

웹 사이트 : http://www.ipma-hr.org/

　IPMA는 주로 연방정부, 주정부, 또는 지방정부에서 일하는 공공인사 전문가들의 전문 협회이다. IPMA의 사명은 공공부문에서 조직의 목표와 질의 향상을 위해 전문적인 인적자원 관리 리더십, 교육, 정보 및 대표 서비스를 제공하는 것이다.

[연습 23]

　자신이 속한 기관이 위에서 열거한 기관들에 대한 정보를 갖고 있는지 알아보라. 당신 조직에서는 출판물을 받아보거나, 컨퍼런스나 회의에 참석하거나 이들 단체와 그 밖의 협력을 하고 있는가?

　당신의 견해로는, 자신의 조직이 어느 단체와 제일 먼저 연계해야 하겠으며, 그렇게 함으로써 무엇을 달성할 수 있다고 기대하는가? 생산적인 관계를 만들기 위해 어떻게 노력하겠는가?

---

3. 기타 자료

　관리 전반에 관한 또는 특정 분야의 관리 이론과 실제에 관한 출판물은 많다. 어떤 것은 다른 것보다 더 구하기 쉽고, 또 어떤 것은 다른 것보다 더 최신 정보를 제공하지만, 더 오래된 출판물이라도 역시 가치 있는 정보를 수록하고 있으며, 아직 전 세계로 유통되지 않은 신간 출판물보다 당신 나라나 지역의 도서관에서 더 쉽게 찾을 수 있을 수도 있다. 이 모듈에서 다루어진 주제에 관한 다음 출판물들을 주목해야 한다. 핵심 출판물들에는 별(*) 표시를 붙였다.

핵심 출판물들은 『기록관리 참고문헌』(*Additional resources for Records and Archives Management*)에서도 찾을 수 있다. 기록관리에 관한 좀더 일반적인 출판물에 관한 정보 역시 위의 책을 참조하라.

관리

Armstrong, Michael. A Handbook of Personnel Management Practice. 4th ed. Kogan Page, 1995.

* Duchein, Michel. Archive Buildings and Equipment. ICA Handbooks Series, vol. 6. Munich, GER : KG Saur, 1988.

Lakein, Alan. How to Get Control of Your Time and Your Life. New York, NY : Penguin Books, 1974. 이 책을 기초로 한 'Time of Your Life'라는 비디오도 있다.

Lock, Dennis, ed. The Gower Handbook of Management. 4th ed. Aldershot, UK : Gower, 1998. ISBN 0 566 07938 0.

Senge, Peter. The Fifth Discipline : The Art and Practice of the Learning Organization. Doubleday Books, 1990.

UNESCO. PGI. Survey of Archival and Records Management Systems and Services 1982. (RAMP Study PGI-82/WS/3). Paris, FR : UNESCO, 1982.

John Clease, performer, "Meetings, Bloody Meetings" (직원관리 문제에 관한 비디오)

건강과 안전

Childs, RJ. Health and Safety. Best Practice Guidelines 3. UK : Society of Archivists, 1996. 이 출판물은 영국 법률 중심이지만 일반 원칙들은 다른 환경에도 적용될 수 있다.

전문직 개발

Bowden, Russell. Guidelines for the Management of Professional Associations in the Fields of Archives, Library and Information Work. (RAMP Study PGI-89/WS/11). Paris, FR : UNESCO, 1989.(UNESCO 웹사이트 등재)

International Council on Archives. Code of Ethics. Paris, FR : International Council on Archives, 1996.(ICA 웹사이트 등재)

예산

Taylor, Peter. How to Manage Budgets and Cash Flows. How to Books Ltd., 1994.

* Wilsted, Thomas, and William Nolte. Managing Archival and Manuscript Repositories. Chicago, IL : society of American Archivists, 1991.(재정 계획과 예산에 관한 제6장을 보라.)

Wood, Frank. Business Accounting 1. 7th ed. London, UK : Pitman, 1996.

[연습 24]

자신이 속한 기관의 도서관이나 자료센터를 점검하라. 자원관리 문제에 관해서는 어떤 도서나 그 밖의 자료가 있는가? 위에 열거된 출판물 가운데 기관에 소장된 것이 있는가? 만약 있다면, 그 가운데 두세 개를 살펴보고 그 최신성과 함께 그 기관에게 가치가 있는지를 평가하라. 만약 없다면, 전문 장서를 만들거나 늘이는데 가장 유용하리라고 생각하는 출판물 두세 개를 선택하라. 이들 자료를 실제로 구할 수 있는 방법을 밝히는 대강의 계획을 세우라.

요약

이 과에서는 본 모듈 전체의 내용을 개관하였다. 그런 다음 활동의 우선순위를 어떻게 설정하는가에 대해 다루고 활동의 주요한 우선순위를 다음과 같이 제안했다.

우선순위 1 : 기록관리 직원의 모집과 유지에 대한 현재의 관행을 파악하라.
우선순위 2 : 직원의 잠재력을 개발하는 기관의 관행을 평가하라.
우선순위 3 : 기관의 주요 목표 중 하나를 달성하는데 도움이 되는 프로젝트에 대한 재정 계획을 세우라.
우선순위 4 : 그 계획을 만족스럽게 완수하는데 필요한 물적자원을 설정하라.

다음에는 자원관리 문제에 대해 더 많은 정보를 찾아내거나 도움을 받을 수 있는 방법을 열거하였다.

이 과는 자원관리에 관련된 가치 있는 정보자원에 대한 논의로 결론을 내렸다.

학습문제

1. 이 과에서 제안된 우선순위가 왜 그렇게 정해졌는지에 대해 자신의 견해를 제시하라.

2. 이 과에 열거된 기관들 중 우선적으로 접촉할 기관 두 개를 선택하고 그 이유를 설명하라.

3. 이 과에 열거된 출판물 중 우선적으로 구입할 출판물 두 종을 선택하고 그 이유를 설명하라.

연습 : 조언

연습 22

각각의 조직, 정부 또는 그 밖의 기관들이 선택하는 우선순위는 각자의 구체적인 필요성과 관심사에 따라 서로 다를 것이다. 하지만 짧은 시간 내에 너무 많은 것을 달성하려고 애쓰거나 환경을 올바르게 평가하지 않고 활동을 하기보다는 먼저 상황 전체를 평가하는 것으로부터 시작하고, 그 다음에 취할 수 있는 활동을 결정하는 것이 언제나 현명하다.

연습 23

자원이 제한되어 있다면 먼저 국가기관들과 접촉하는 것이 현명하다. 왜냐하면 국가기관들은 당신의 요구조건을 보다 넓게 국가적인 법적·행정적 맥락에 둘 수 있기 때문이다. 그러나 자국 상황에 견주어 다른 곳의 모범사례에 관한 정보를 얻기 위해서 국제기관들도 역시 활용해야 한다. 유용한 정보는 모두를 위한 자원을 모아 둘 수 있는 국제단체를 통해 당신의 조직에 전달될 수 있다.

연습 24

일반적인 정보로 시작하고 좀더 전문화된 장서를 구축하기에 앞서서 입문서와 개론서로 이루어진 좋은 장서를 갖도록 하는 것이 중요하다.

ㄱ～ㄷ

『기록관리의 인적 · 물적자원』

책임집필

마이클 로퍼(Michael Roper)

마이클 로퍼는 기록관리기관의 관리 면에서 폭 넓은 경험을 했다. 그는 영국의 공공기록보존소(Public Records Office)에서 33년 동안 근무한 후 Keeper of Public Records를 마지막으로 1992년에 은퇴했다. 그는 또 University College London과 캐나다에 있는 University of British Columbia의 아카이브스 과정에서 가르쳤다. 그는 1988년부터 1992년까지 International Council on Archives의 사무총장(Secretary General)을 역임했으며, 1996년부터는 영연방 아키비스트 및 기록관리자협회(Association of Commonwealth Arvhivists and Records Managers, ACARM)의 명예사무총장(Honorary Secretary)이다. 그는 많은 국가에서 컨설턴트의 임무를 수행하고 훈련 프로그램을 실시하는데 참여하고 있으며, 기록관리 전반에 관한 광범위한 저술을 하고 있다.

토니 윌리엄스(Tony Williams)

토니 윌리엄스는 Home Office의 고위관리자이며, 1992년부터 IRMT의 컨설턴트로 일하고 있다. 두 기관에서 그가 맡은 업무는 주로 변동 프로젝트에 관한 것으로, 특히 그러한 변동이 서로 다른 환경과 문화 속에서 어떻게 집행되고 유지되는가에 중점을 두고 있다. 그는 특히 직원개발, 훈련과 동기부여, 관리기법 및 프로젝트관리 전문가이다. 그는 또 변동관리에 관한 많은 논문을 단독으로 또는 공동으로 저술했다. 그는 IRMT에서 가나, 우간다, 탄자니아, 짐바브웨, 말타 등 해외 사업에 관여하고 있으며, 그 국가들의 업무개선프로그램 관리팀과 함께 일하고 있다.

집필
Keith Bastin
Laura Simmermon

감수
Jay Atherton, 전 캐나다 국립기록보존소
Angelina Kamba, Public Service Commission, 전 짐바브웨 국립기록보존소장
Michael Swift, 전 캐나다 국립기록보존소

검증기관
바하마(Bahamas), 영구기록부(Department of Archives)

기록관리의 인적·물적자원

옮긴이 서 혜 란
감 수 한국국가기록연구원
펴낸이 조 영 재
펴낸곳 도서출판 진리탐구

초판 1쇄 인쇄 2004년 2월 25일
초판 1쇄 발행 2004년 2월 28일

주소 서울시 마포구 용강동 494-53 (121-876)
전화번호 02) 703-6943, 4
전송번호 02) 701-9352

출판등록일 1993년 11월 17일
출판등록번호 제 10-898호

ISBN 89-8485-085-3

※ 잘못된 책은 바꿔드립니다. 가격은 표지에 있습니다.